The Direction of Dharma Drum Mountain:
Social Care Efforts

法鼓山的方向

關懷

聖嚴法師 著

編者序

實踐人間淨土的指南

佛陀在世時，弟子以佛為師，佛陀涅槃後，弟子以戒為師，佛教因此得以續佛慧命，聖教不衰。而在法鼓山創辦人聖嚴法師圓寂後，法鼓山應如何繼續擊響法鼓、普傳法音呢？

聖嚴法師曾說：「虛空有盡，我願無窮。我今生做不完的事，願在未來的無量生中繼續推動，我個人無法完成的事，勸請大家來共同推動。」《法鼓山的方向》不但凝聚聖嚴法師的悲願，更是四眾弟子修學佛道的道路，依著護持法鼓山的共願，齊心建設人間淨土。

法鼓山的由來與方向

《法鼓山的方向》原為一本結緣小手冊，出版於一九九五年，可說是當時聖嚴法師帶領法鼓山教團重點性、原則性的指示方向。如同聖嚴法師在〈自序〉所說：「這冊小書，為我們說明了法鼓山的由來及其行事的原則方向。」在聖嚴法師領眾篳路藍縷創建法鼓山後，四眾弟子便依此方向耕耘人間淨土。

「法鼓山」一名，始於一九八九年購得臺北金山的土地，由聖嚴法師將此命名為法鼓山開始。法鼓山不只是一個新建築的地名，隨著籌建過程而有了僧團、護法會、基金會，以及各會團組織的發展，逐漸形成法鼓山教團，讓「法鼓山」成為社會大眾耳熟能詳的佛教團體名稱。

法鼓山是以教育工作來完成關懷的任務，又以關懷工作達成教育的目的。因此，法鼓山為信眾、義工等單位舉辦各類教育成長課程、共修活動、讀書會活動、研習營等，皆是用佛法來做自利利人的服務，彼此支持、共同成長。只要聖嚴法師在臺灣期間，不論法務如何繁重，總是撥冗給予大眾精神勉勵，而後整理成文刊登於《法鼓》雜誌，並結集為《法鼓山的方向》書稿。讓聖嚴法師對四眾弟子身、口、意行為的殷殷叮嚀，法鼓山道風、發展方向的提點等，能以文字般若醍醐灌頂。

推動法鼓山理念的具體手冊

從一九八九年，法鼓山的創立，到二〇〇九年，聖嚴法師捨報為止，二十年之間，法師對法鼓山、弟子們的殷殷叮囑的智慧法語，猶如無盡的智慧寶藏。因此，《法鼓全集》新編小組於編輯舊版《法鼓山的方向》時，召集人果毅法師即提出，應將創辦人所有對體系成員的開示、致詞等新收文稿，整編為數冊，完整收錄創辦人對法鼓山團體的理念、創建，以及指導方針、方法。期望《法鼓山的方向》能成為四眾弟子修學佛法、護持佛法、弘揚佛法的依歸，全方位理解創辦人的理念、願心，認識法鼓山歷史與團體，實踐人間淨土的願景，並清楚法鼓山未來發展的方向。

為此，《法鼓全集》新編小組重新整編《法鼓山的方向》全部文稿，由果毅法師訂定出六冊的六大主題：理念、創建、弘化、關懷、護法鼓手、萬行菩薩。總書名定為《法鼓山的方向》，即是呈現聖嚴法師對於法鼓山發展的定位、方向。

第一冊　法鼓山的方向：理念

收錄聖嚴法師重要的法鼓山核心思想，介紹法鼓山的理念、共識、使命與願景。〈四眾佛子共勉語〉、法鼓山的共識、法鼓山的使命、心五四運動、法鼓山的四大堅持，皆是四眾弟子應牢記於心的共同理念，皆是凝聚法鼓山願心的方向。

第二冊　法鼓山的方向：創建

介紹法鼓山的創建緣起與歷程，解說法鼓山的參學與導覽，以及教育興學、分支道場。了解法鼓山的開山因緣、教育志向，以及開枝散葉的願力，更能珍惜與護持正信佛教，確信法鼓山的方向，即是此生堅信不疑的學佛道路。

第三冊　法鼓山的方向：弘化

收錄聖嚴法師在各地弘化的演講和開示，以及各年主題年的祝福與期許。主題年的勉勵法語，也成為法鼓山安定社會的一股力量。無論是法會、活動，或是文化、出版，聖嚴法師無遠弗屆的慈悲與前瞻洞見，都能啟發人們的菩提心。

第四冊　法鼓山的方向：關懷

收錄聖嚴法師的生活佛法整體關懷，包括佛化家庭、樂齡長青、臨終關懷、社會關懷，讓人們能以佛法安心、安身、安家、安業，以法鼓山的方向為人生的方向，心安就有平安。

第五冊　法鼓山的方向：護法鼓手

聖嚴法師一生「盡形壽，獻生命」，由每年的各地關懷行、成長活動，對護法會勸募系統開示，以及對僧團的期許，即能感同身受。盡心盡力為鼓手的核心精神，關懷別人、成長自己，此為推動人間淨土的重要力量。

第六冊　法鼓山的方向：萬行菩薩

收錄聖嚴法師對於各會團義工、專職人員的開示，從如何當好義工，應有的心態、身儀、口儀等，都有詳盡解說與提醒，以幫助大家成就六度萬行，成為身心莊嚴、廣種福田的人間菩薩。

每本書的策畫都是為了法鼓山的方向，都能提醒回歸創辦人為弟子們所立下的理念、精神、方針、方法。本套書以「理念」為首冊，即是因為只要偏離理念，即非法鼓山的方向，即非正信的佛教。法鼓山的方向，就是法鼓山的修行道路，就是建設人間淨土的菩薩道。

《法鼓山的方向》是聖嚴法師一生悲願之所在，是他從「願將佛法的好，與人分享」的初發心，逐步踏實的點滴成果。過程中，因有眾人的同行，得以成就法鼓山的這方淨土。因此，這套書更是他願心與願行的成就，是他帶領四眾弟子共同創建法鼓山的實際操作手冊。

這些文章開示，您可能有幸曾在現場聽聞，再次溫習將猶如聖嚴法師身影重現慈悲關懷。即使是三十年前的勉勵、啟迪，也是歷久彌新，依然能深刻感受到一代佛教導師的高瞻遠矚與開創性悲願。

成佛之道的指路明燈

此套書不但是法鼓山發展方向的依歸，更可成為每一個人修學佛法的指路明燈，讓我們以精進不息菩薩行，穩健走在佛道上。選在聖嚴法師圓寂十週年的此刻出版，也是一份對法師的緬懷與感恩。而對法師最好的感恩，就是實踐法鼓山的理念。

因此，《法鼓山的方向》除可幫助個人閱讀成長，可做為讀書會教材，也適合用於教育訓練課程的教案。如果能推而廣之，法鼓山的生活佛法，將能造福全世界，只要邁向法鼓山方向，成佛之道在眼前；只要好願在心中，當下即是人間淨土。

法鼓文化編輯部

目錄

CONTENTS

編者序：實踐人間淨土的指南 003

佛化家庭

如何建立美滿婚姻？ 017

佛化聯合婚禮的意義及形式 028

美滿婚姻的原則
——一九九四年佛化聯合婚禮致詞 030

佛化家庭的生活指南 033

樂齡長青

佛化聯合祝壽致詞 059

附錄：訪聖嚴法師談佛化聯合祝壽的精神及內涵 062

佛化長青的生活指南　070

臨終關懷

推動居士帶領助念風氣　093
臨終助念——關懷最重要　096
佛化聯合奠祭開示　103
附錄：訪聖嚴法師談佛化奠祭的精神與內涵　107
臨終關懷的三皈依文　115
助念功德怎樣做？　120
再談助念功德　129
愈念信心愈堅強　137
念佛共修即助念　141
臨終病患的佛法照顧　146

清淨形象與助念功德 154
佛化聯合奠祭守則 159

社會關懷

究竟可靠的平安 179
心安就有平安 182
好山好水的祝福 187
祝福你平安 190
心安就能平安 192
安心法語 198
學習臨終關懷 203
同體大悲救災難 205

佛化家庭

如何建立美滿婚姻？

很多人以為，佛教是出世的，不主張有家庭，不希望人家結婚，這好像是說，信了佛教的人都應該出家，這絕對是錯誤的觀念。其實，唐宋時代，在家的佛教非常興盛，我們可以從敦煌石窟、文字記載、圖畫或雕刻中，看到許多關於在家居士家庭生活及婚姻生活的描述。元朝以後，佛教漸漸隱遁山林，與人世間漸漸疏遠，因而造成一般人認為佛教是消極的、逃避現實的錯誤觀念。

很多父母，如果發現自己的子女親近道場、親近法師，就會很擔心他們出家。事實上並不盡然！你們之中就有好幾位經常親近寺院，卻沒有因此而準備出家，而且也不是所有的人都適合出家。

在家居士是佛教的基礎，而且在釋迦牟尼佛的時候，就非常地重視家庭生活，重視夫妻之間的相待及小孩的照顧和教育。甚至還有幾部經典專門講結婚之後懷孕、生子的事，由此可知，佛教並不是與世隔絕的。諸位菩薩很幸運，能夠參加我們第一屆的佛化婚禮。今天請諸位來上課，就是從佛教徒的立場，從將來要踏入人生另一境界的立場來認識婚姻。

婚姻的意義

婚姻本身是責任和義務的肯定與承擔。通常一般人結婚之前，認為自己還沒有結婚，可以什麼都不管，不但沒有想到如何讓父母頤養晚年，甚至還一直接受父母的呵護照顧；可是，結婚之後因為有了家室，同時因為孩子的誕生，才真正體會到父母的辛勞，而產生家庭的責任感。所以結婚和沒結婚是完全不一樣的人，婚姻本身是責任的肯定與開始。

有人說「婚姻是鎖鍊」、「婚姻是愛情的墳墓」，也有人認為反正結了婚還可以離婚，為什麼一定要結婚，不結婚不是很自由嗎？這是不負責任、過分浪漫而不務實的態度。如果結婚的時候就準備離婚，還結什麼婚！結了婚，還要求絕對充分的放肆，還結什麼婚！結婚是一份責任，豈能兒戲？這點要請諸位菩薩一定要肯定，婚姻是一個嚴肅的課題，是人生絕佳的歷練。

現今社會問題最多的，莫過於金錢及男女色。印度因為天然炎熱，一般人都很早熟，女孩子十二、三歲就能結婚，甚至更早。氣候炎熱加上居住空間小，所以一般人多半在樹下或門前露天而眠，因此男女之間的性行為非常混亂。釋尊看到這個問題的嚴重性，因而規定在家居士一定要守五戒，尤其是不邪淫戒更是非守不可。由此可見佛教對婚姻的重視，及夫婦彼此之間要守信諾、守貞操等觀念的強調。

可是，中國自五四新思想的學者們提倡「守貞操是吃人的禮教」，及毛澤東「破四舊」的主張，因此把中國弄得家庭不像家庭，夫妻不像夫妻。

站在佛教徒的立場，五戒的不邪淫戒，是夫妻共守。因為邪淫不僅是家庭問題，同時也破壞了社會的和諧及穩定，這種罪業是很重的。大家千萬不要認為逢場作戲沒有關係，假戲真演，終會導致婚姻破裂；而且以生理健康而言，男人在外面嫖女人，可能感染花柳病、梅毒、愛滋病的病毒，而帶回家傳染給太太。再就心理層面而言，一個人有了外遇，會造成另一半的不平衡，因而第四者也可能接著出現，問題不斷衍生，造成社會的動盪不安，這個責任太大了。所以婚姻的社會責任是不容忽視的！

結婚是兩個家族結合，人際關係因之擴大而改變。面對人生的新境界，更應秉持慈悲的精神，來對待、照顧另一半、公公婆婆及岳父岳母，同時也應以智慧來處理事，以理性來教育小孩。這是在婚姻過程中，應該學習的態度與義務。

建立佛化家庭的意義

（一）以宗教信仰來促進家庭生活的幸福美滿

宗教信仰是非常重要的，這次法鼓山農禪寺的聯合婚禮，我們準備贈送各位一尊觀世音菩薩像，是我們特別請藝術家設計、雕塑後製成白瓷觀音像，希望你們不論居家空間的大小，都能虔誠供奉此尊觀音菩薩像。從此這不僅是你的家，也是你修行的道場。

供奉觀世音菩薩有兩種意義，一是學習、模仿觀世音菩薩的慈悲精神。如果我們像觀世音菩薩那樣慈悲，夫妻還會吵架嗎？還會打小孩嗎？還會棄父母於不顧、對朋友有不忠誠嗎？不會的！第二種意義是，菩薩的確是有感應，當我們有困難、有麻煩時，我們要以佛菩薩為模範，同時祈求佛菩薩給我們力量和信心，讓我們平順地共度一生。夫妻雙方由於生活背景、出生環境的不同，性格、想法都不一樣，所以，同床異夢、意見不合是正常的。我們要互相地調和，彼此包容，否則就不要結婚。

有的人結了婚以後夫妻吵架，就來找我，通常我是誰來就罵誰，「有理扁擔三，無理三扁擔」，因為吵架是兩張嘴吵的，如果只有一個人在吵，一會兒就吵不下去了，有了這種認知，就算對方不改變，家庭也不至於破裂。結婚本身很簡單，但未來則是一段很長的路，彼此一定要以宗教的信仰為準，有共同宗教信仰的家庭，一定會美滿、幸福。

（二）以家庭的淨化，提昇人品、淨化人間

淨化人間要從淨化家庭開始，也就是要從建立佛化家庭開始。以佛菩薩的慈悲及處事的智慧，為我們學習的對象。提昇自己，淨化家庭，進而影響周遭的親人、朋友，再擴及至社會，達到淨化人間、建設人間淨土的目標。

如何建立佛化家庭？

（一）建立婚姻的共識

我們講建立佛化家庭，是希望從你們兩個結婚開始，就是一個佛教家庭。如何建立佛教的家庭呢？首先需要建立婚姻的共識。婚姻的共識是關懷、是互敬、是禮讓、是互為同修菩薩，互為善友，彼此相互提攜、共同地成長。

如果遇到另一半很消極、很無奈、很孤單的時候，我們應該鼓勵他（她）：

「留得青山在，不怕沒柴燒，暫時的挫折無所謂，我們再好好努力，你千萬不要灰心！我會陪著你共同度過難關，而且我們的孩子也需要你的照顧！」這就是互相關懷。

釋尊教導我們，眾生皆有佛性，一切眾生皆有成佛的可能，皆是未來的佛。所以我們要尊敬對方，即使對方不尊敬我們，甚至受到虐待，也要認為這是成長的逆增上緣。我們不是教大家逆來順受，而是倘若實在無法避免的時候，就要學習接受事實，並由衷感謝一切成長的順逆因緣。「山不轉路轉，路不轉人轉」，如果對方一時無法改變，一定要調整自己，時時以尊敬、尊重的態度，來與對方相處，視其為未來佛、為菩薩。互敬、互重，對家庭生活的和諧是非常重要的。

很多家庭問題的發生，來自於夫婦雙方不能相互禮讓。曾經有一位先生在禪七期間痛哭流涕，他說：「一味嫌棄太太是我這一生最大的罪惡，出禪堂後，我一定要跪在太太面前，好好地賠罪、懺悔，並由衷謝謝她多年來的包容。」第二天他的太太跑來告訴我：「感謝師父！本來我先生已經準備和我離婚，如今，我撿回我的先生。謝謝師父！」這是很不容易的。夫婦之間一定要互相禮讓，尤其是先生對太太，因為一般而言，先生讓太太比較難。

（二）懷胎之教育

結婚不要孩子，這是不負責任的行為，也是拒絕成長的舉動；拚命生孩子也是不負責任的事。有了孩子，我們才會深刻體會到父母生養我們是多麼地不容易！從懷孕到生產，從生產到小孩上學、結婚、成家，成家之後，還要幫他立業，牽腸掛肚、萬般呵護。沒有孩子，不會知道為人父母的責任，也不知道為人父母的辛苦。

但是現在不論中國人也好、西方人也好，結婚之後，非但忽略了雙親的奉養，還因忙著事業，而把小孩交給父母去「孝順」，這絕對是錯誤的。

懷胎的時候要想：這是菩薩來入胎，我們懷的是一尊小菩薩。千萬不要認為：「生孩子嘛！把小鬼生出來就好了。」如果你認為那是小鬼，他真的會變成小鬼；如果你視他為菩薩，他會是個菩薩。心的念頭是非常重要的。懷孕時，心中常念觀世音菩薩，多看觀世音菩薩像，經常觀想菩薩慈祥的面容，對胎兒很有用；我們要經常保持心平氣和，想要生氣的時候，就趕快念觀世音菩薩。懷胎時，不可以暴飲暴食、生活不正常。我們的一言一行、一舉一動，表情及心理現象，都會對胎兒產生直接的影響。先生們可能認為自己跟胎教沒有關係，其實你的身心狀態會影響太太，也就會影響到腹中的胎兒。所以良好的胎教是夫妻雙方共同的責任。

（三）小菩薩的培育

當小菩薩會爬行時，就要教他拜佛；在還未識字之前，可以讓他看兒童佛教書籍上的圖畫，例如「本生談」——講佛往昔生中種種愛護動物、救度眾生的故事，培養慈悲對待一切眾生的胸懷。有人主張讓小孩長大後自己選擇宗教，其實這絕對是錯誤的。所以佛教的信仰，應該從很小的時候就開始，更何況母親懷胎時，就已經在念觀世音菩薩聖號，其實他在胎裡就是佛教徒了，為什麼還要等他長大再讓他信佛？這是父母未盡義務及責任。多給小孩一點時間，小孩才能健康地長大，心理上才不會古怪。

（四）夫婦的生活

「原諒對方」這句話說起來容易做起來難。我有一對皈依弟子結婚四年了，有一次來跟我說他們要離婚了，我問他們為什麼？丈夫說：「性格不合，生活方式不一樣。我這個太太，吃蘋果不削皮，吃橘子不吐絲，還常常把擦桌子的抹布拿來擦碗筷。」太太也說：「我先生每天晚上睡覺前不漱口也不洗腳的，上臭下臭，我覺得跟死屍睡在一起，我還能睡得著覺嗎？」這個好玩了，吃蘋果不削皮，吃橘子不吐絲，不漱口不洗腳，都變成了離婚的理由。夫妻之間原本就不會有什麼大事，但是最討厭的就是這些雞毛蒜皮、芝麻綠豆的事，因為太煩太雜了！其實夫婦的共同生活，要包容對方，能改就改，不能改也是小問題，只要太太不紅杏出牆，先生不拈花惹草，其他都是小事。

還有，要諒解對方、不要懷疑對方；夫妻之間要互信、互愛，不能猜疑，就算先生在外面真的有一點事情，你也要相信他，久了他會覺得慚愧：「太太這麼相信我，對我這麼好，我竟對太太不忠實，實在太不像話了。」夫妻雙方彼此要絕對信任，而互信是從諒解、原諒來的。做為一個佛教徒，你要相信對方，相信他絕對會守五戒中的不邪淫戒，相信他會念觀世音菩薩，學習原諒對方，這個非常重要。

（一九九四年九月二十八日，講於北投農禪寺，原收錄於《一九九四法鼓山禮儀環保年禮儀環保實錄》）

佛化聯合婚禮的意義及形式

法鼓山的理念「提昇人的品質，建設人間淨土」，是由佛化家庭開始落實的，而其組成是自結婚開始的。所以自婚禮開始，便應將佛化家庭的本質落實其中。換句話說，三皈五戒的實踐，是由婚禮——菩提因緣的開始。在佛化婚禮主張素食、忌葷酒，即是不殺生、不飲酒的落實，使日後更能將五戒中的不邪淫、不偷盜、不妄語，切實地在家庭中實踐。此外，婚禮中不擺宴席，是符合環保節約的精神；由三寶來祝福新人，是婚禮中最大的禮物，比鑽戒、洋房更有意義。藉由三皈五戒的修持，智慧與慈悲亦隨之而顯現，對事情的看法與心態也將有所不同。在佛化家庭中，小孩就是我們的小菩薩；公婆、岳父母即是我們的老菩薩，以此種心情相待、相互尊重，種種的家庭問題，自然能透過慈悲與智慧來化解。所以說，淨化人間始於佛化家庭；建設佛化家庭始於佛化婚禮，而佛化婚禮正是「提昇人的品質」的重要過程。

我們計畫於十月份，在農禪寺布置禮堂，舉辦佛化聯合婚禮，鼓勵準備結婚的未婚男女信眾參加，由禮堂隆重、莊嚴、祥和、歡喜的氣氛，加上法師的祝福，讓結婚的青年男女感到婚姻是一樁神聖的責任和義務。同時，雙方家長和親友不至於有那麼大的經濟壓力和忙碌的籌畫雜事，又能分享到婚禮的喜悅和希望。

此外，在婚禮中我們以精美的茶點代替餐飲的大張宴席，既節省時間又節省金錢。我們鼓勵來賓送一件小小禮物表示對新人的祝福，不需送大紅包，如此也可以減輕親友來賓的經濟負擔，以免為了參加婚禮而大費周章、精打細算、患得患失。同時，新人也不致那麼勞累，事前拜訪，事後拜謝等。我們希望讓新人及其父母能在婚禮中享受到寧靜，和被欣賞、讚美、祝福，並在和諧的氣氛中完成人生的一件大事。

（原收錄於《一九九四法鼓山禮儀環保年禮儀環保實錄》）

美滿婚姻的原則

——一九九四年佛化聯合婚禮致詞

夫婦的結合，是同舟共濟、相依為命的兩個人。

夫婦的相處，除了彼此相愛，也要彼此學習著從衝突與矛盾中，做統一與調和的努力；在不斷地溝通、協調、妥協、適應之中，幫助彼此的成長，促進家庭的和樂。

夫妻相待當遵守六個原則：

(一)互相感謝，不要計較，但是要有接受對方計較的寬大心懷。

(二)互相尊敬，不要輕慢，但是要有接受對方輕慢的寬大心懷。

(三)互相禮讓，不要侵犯，但是要有接受對方侵犯的寬容心懷。

（四）互相關懷，不要冷漠，但是要有接受對方冷漠的心理準備。
（五）互相信賴，不要懷疑，但是要有接受對方懷疑的心理準備。
（六）互相諒解，不要誤會，但是要有接受對方誤會的寬宏大量。

因為婚姻關係是終身相守相助的大事，兩個不同的人，生活在一起，由於各自身心的失調以及環境的衝擊，難免會有意見及性格上的小摩擦，只要有一方能包容對方，就可以維繫夫婦間的和諧。

佛化的婚姻，是共同修行菩薩道的終身伴侶，菩薩是有慈悲和智慧的，佛教徒的夫妻，當以慈悲照顧對方，當以智慧照顧自己，慈悲沒有敵人，智慧不起煩惱。

佛化的家庭，是共同修行菩薩行的道場，要學習著用慈悲心，用柔軟語，用感激、奉獻和報答的態度，盡心盡力為每一個成員服務。

以佛化婚禮結合的夫妻，一旦有了摩擦吵了嘴，趕緊念佛，多多拜佛，至誠懺悔。要記得，你們是在吳伯雄部長的證婚，我聖嚴法師的祝福，以及父母親友們的主婚和觀禮中，在佛前宣誓結婚的，你們要隨時提醒自己，用誓詞中的兩句話「無論富貴貧窮，此誓終身不渝」來共同勉勵。

我在這裡，為你們二十二對今天在三寶之前完成佛化婚禮的新人祝福，祝福你們的幸福人生，祝福你們的美滿婚姻。

（一九九四年十月二十二日講於北投農禪寺，原收錄於《一九九四法鼓山禮儀環保年禮儀環保實錄》）

佛化家庭的生活指南

婚禮是佛化家庭的基礎

法鼓山的理念是為了「提昇人的品質，建設人間淨土」。可是，想要提昇人的品質一定要站在人的立場，以人的身分完成人的高尚品格，然後「人成即佛成」。當人都成佛時，人所處的環境就是淨土。同時，在其他的人都還是凡夫的時候，只要個人內心淨化、生活淨化、品格提昇，他自己本身就是一個建設人間淨土的人，也能享受體會人間淨土。這是靠自己來建設淨土，並且將淨土分享給別人。

人的出生是由於父母的結婚，父母的結婚就是建設佛化家庭的基礎。一個家庭縱然沒有兒女，也要有夫婦兩人的共同生活，如果沒有夫婦倆共同的生活，就不成其為家庭。

人類的社會是依靠人與人的結合，互相支援關懷，彼此呼應照顧，共同合作努力，才能成為一個和諧安詳的社會；而其中的成員，就是以男性與女性相結合的家庭，為組成一個社會共同體的基本單元。如果在一個社會體的結構中，男女之間沒有夫婦的分際，也沒有家庭的倫理，一定會製造出許多的亂源。所以世間不論任何的宗教和哲學，乃至於現代的社會學都主張要有正當的夫婦關係。所謂「男大當婚，女大當嫁」，既能維繫人類社會的和諧，也可促成人類子孫的綿延。

男女的結合是人生的大事。結婚的儀式是證明一對男女已經成長成熟，必須負起做為一個成年人的責任。也是建立另一代人倫關係的開始。從兩個單獨的個人而成為一對夫婦，他們彼此之間必須共同遵守信諾、責任、義務。所以一個人在結婚之前和結婚之後，對於人生的體驗和責任的承擔，是完全不同的。

由於結婚的行為，成為風俗和習慣之後，男女結婚，舉行婚禮，便形同演戲。目的只是在向親友宣告，或者是為了取得法律上的認可；在忙碌、鋪張、應酬、花錢的過程之中，不但自己花錢，也讓親友花錢之外，並不能為一對新人在觀念和心理上產生神聖、莊嚴和負起責任的教育功能。因此，凡是有兒女結婚，父母都很勞累，也讓親友破費，造成一種浪費的禮俗。而在結婚之後也不能促使這對新人，產生互愛互敬、白首偕老的共識，這是非常可惜和遺憾的事。

佛教徒可分為出家和在家的兩大類，而以出家修道的人為僧，在家學佛的人為俗。出家是非常莊嚴神聖的，但只有少數人有此福德因緣，絕大多數的佛教徒都是在家人。不過佛教徒的在家人和一般的在家人，也有所不同，在家的佛教徒必須依靠佛、法、僧三寶做為人生方向指歸；也應該遵守不殺生、不偷盜、不邪淫、不妄語乃至不飲酒等的五戒。實際上這也是做為一個淨化人心、淨化社會的基本生活方式。縱然無法將五戒持得很清淨，至少在結婚典禮時應該要知道學著遵守五戒，特別是不邪淫戒，那是非守不可的，那就能夠保障不會發生所謂「婚外情」的危機。

在佛化婚禮中，一定會勸勉新婚男女要互相尊敬、互相禮讓、互相關懷、互相諒解。要將夫婦中的另一半視為共同修行菩薩道的伴侶，所以佛教徒稱呼自己的配偶為「同修」，或彼此互稱「我家師兄」和「我家師姊」。有了孩子就將他們當成是助道的「我家小菩薩」，對於公公婆婆和岳父母，就將他們當作成就自己修學菩薩道的「我家老菩薩」。如果能透過此種心情和認識彼此相待，則種種的家庭問題自然會運用佛法的慈悲和智慧來化解。所以我要說：淨化人間始於佛化的家庭，建設佛化家庭始於舉行佛化的婚禮，而佛化的婚禮就是為了提昇人的品質。

在佛化婚禮中，遵守素食、禁用葷酒，不在婚禮中大擺宴席，也不大肆喧鬧，更不讓親友們有致送厚禮的額外負擔。由法師以三寶來為新人祝福，就是婚禮中最高的禮物，也是對於新人終身受用不盡的最佳禮物。

我們舉辦佛化的聯合婚禮，更能符合環保節約的精神，而且使得參加婚禮的男女居士，在隆重、莊嚴、祥和、喜悅的氣氛中，感受到婚姻是一樁神聖的責任和崇高的義務。也能讓新人的父母親友們，在佛化婚禮的參與過程中，分享到新人的圓滿和幸福。更能讓新人感受被欣賞、讚美、勉勵的幸福。所以，佛化的聯合婚禮，具有淨化人心、淨化家庭以及淨化社會的多重功能。

倫理是佛化家庭的要素

結婚之後的男女居士，必須要對婚姻關係的維護負起責任；要尊重並體會到對方是另外的一個獨立人格，不要以自己的興趣、個性、尺寸來要求對方；無論在任何情境之下，不可懷疑、批評、指責對方；發現衝突和矛盾，暫時不要處理，等待雙方心平氣和時，再解釋、溝通，以取得對方的信任和諒解。同時，在任何時候，你又是配偶的一部分，所以沒有權利單獨處理家庭中共同的財產、物品、生活方式，尤其對於管教子女等的問題，必須取得配偶的同意；若出遠門或已出遠門，必須讓自己的另一半知道你往何處，你在何處，是否平安、健康；要隨時而適當地關心對方的身心狀態和生活情況。

婚後至少要負起關懷三個家庭的責任和義務：第一，是夫婦兩人自己的家庭；第二，是公婆的家庭；第三，是岳父母的家庭。不能因為自己娶妻或嫁人，就忽略了年長的父母及原來的老家。同時也要關懷自己的兄弟姊妹親屬的家庭，和他們的婚喪喜慶，否則會讓年老的父母不安，也讓親戚朋友批評。不要期待父母親友的援助，卻要時時刻刻想到父母親友是否需要關懷。最忌諱的是讓父母說：「娶了媳婦，丟了兒子。」也不要讓岳父母說：「嫁出去的女兒，等於潑出去的水。」如果是那樣的話，就變成忘恩負義的大不孝。

一旦生孩子，不論是男、是女，都應該感到歡喜、歡迎，悉心扶養，教育成人。夫妻不是怨家，子女不是討債鬼，他們來幫助你成長，來促成你履行父母的義務，所以是你的小菩薩，要對子女付出耐心和慈悲心，要因材施教，給予適當的關懷和照顧。不可將子女當成自己的財產來支配；更不可將子女視為自己的替身來指望。尤其不可有養兒防老、期求反哺及回饋的心。雖然當教導兒女知道孝心，可是站在做父母的立場，則但盡責任，不存企圖，那是最健康的心態。

現代的家庭，多半只有未成年的兒女跟父母生活在一起，一旦成年，不論是否結婚，求學或就業，絕大多數會離開父母而過他們獨立的生活。所以，當兒女快成年前，必須做好心理準備，到那時候，夫婦倆已是中年或步入老年，正好可以利用照顧子女的心情和時間，去關懷社會大眾的福利，以義工的方式來奉獻自己。最好是參加宗教團體的活動，一方面可精進修學佛法，同時也將對於子女的一份執著，轉化為對眾生的關懷和慈悲。所以在印度，人生可分為四個時期：少年期、青年期、中年期和晚年期。少年及青年期是過家庭生活、求學和求業，中年及晚年期是過社會的生活和宗教的生活。

就佛教而言，婚後除了遵守三皈、五戒，更可以利用假期或假日，參加定期的修行，學習著過無牽無掛、無憂無慮的修道生活。比如：到寺院參加佛七、禪七或受持八關齋戒，雖然如此，但自己依然過著有夫、有妻的在家型態的生活，那確實是夫唱婦隨、白頭偕老的終身伴侶，不是彼此地糾纏，而是互相地提攜，做一個愉快、自在，和使自己滿意也讓他人敬仰的在家居士。

佛化家庭的生活指南

（一）家庭生活

1 佛化家庭的三條件

⑴敬養父母如三世諸佛。
⑵夫婦愛敬如諸上善人。
⑶愛護子女如母雞護雛。

在家居士生活的第一要務，便是建設和樂的家庭。對父母要盡孝，對子女要慈愛，敬與養，教與育，做到自己最大的可能，才算盡了父母與子女的責任。夫婦，是家庭的重心，彼此之間，一定要堅守貞操，要敬愛對方，夫婦間的感情融洽了，縱然是菜根布衣的生活，仍是一個可愛的家庭。

2 佛化家庭的經濟收支

⑴以正當職業謀取生活所需；盡量避免從事與五戒相違的職業。
⑵經濟的收入當分作四份：家計的生活，營業的資本，家中的儲蓄，銀行

生息。

(3)除生活之外的收入用途有三種：供養父母，周濟親友，供養三寶。

家庭和樂，主要是建立在夫婦之間的感情上；家庭的幸福，主要是賴於經濟收支的平衡。居士，應當從事各種正當的職業，來謀求生活的所需，除了屠業（包括漁業及葷菜館等）、盜業（包括賭業及走私等）、淫業（包括舞場、妓院等），其他的或農、或工、或經商、或公教，都是可以選擇的。有了收入，必須量入為出。以經濟計畫，來計畫家庭的經濟，才是最安全的。

家庭經濟的基礎穩固了以後，除了家庭正常生活的所需，如果仍有餘力的話，就該用於家庭以外的福德，供養三寶及公益慈善等的事業中去了。所以《雜阿含經》中也說，居士的財產，應該分作三種用途：一是供養父母；二是養育妻子兒女，乃至周濟親屬、朋友、僕從等；三是供養沙門、婆羅門等宗教師。

（二）社會生活

凡是人的生活，便不能脫離社會，在家的佛教徒，除了家庭之外，社會生活也是非常重要。為了工作謀生、為了求學深造、為了服務社會，都需要跟社會接觸，同時要將自己融入社會，才能被社會大眾接受而影響社會。

社會生活可以包括學校、工作、商業、政治和宗教信仰等。除了宗教生活將以另一節討論之外，必須注意其他幾個項目。不管是哪一種社會生活，基本的態度和認識是不能離開禮節、威儀。而基本的禮儀是從衣著儀容的整齊、清潔，乃至言談舉止的禮貌和親切。必須對上尊敬、對下謙虛、對左右平輩禮讓，不論舉手投足、一言一行，對任何人不可有驕傲心和輕慢心，一律以尊重和禮貌對待。所謂「敬人者，人恆敬之」，其實尊重人，也就是尊重自己的一種表現。

1 學校的社會生活——師長及同學間的關懷

在學校對師長應盡到禮敬、服從和愛戴的責任；對同學應該盡到謙讓、原諒、關懷的責任。彼此的相處，除了向師長、同學學習學問、經驗、知識和處世為人的長處之外，要諒解他們的缺點和錯誤，取長補短。不跟同學計較，不向老師抱怨。有事要誠懇地請教和商量，不做背後的批評或互相間的搬弄是非、說長道短。

2工作的社會生活──同事及從屬間的接觸

在工作的場所，對老闆、長官、上級的領導管理階層，應該體貼、忠誠；對同事應該協助、支援；對屬下應該關懷、體恤，使得上下左右都因為你的關係而同心同德、同甘苦共患難；要把工作當成自己的生命來看待。雖然是為公家或老闆而工作，還是要想到：不論是老闆或職員，都是在同一鍋中吃同樣的飯，不過彼此扮演的角色，所站的方位不同而已。如果能如此想，一定可獲得老闆的信任及同事、屬下們的信賴，自己也必然會感到非常地穩定和愉快。

3商業的社會生活──同業及主客間的互動

在商場中，雖然各自都是為利益而有所接觸、交涉。於往返交涉中，要以誠信和尊重來應對。自己希望賺錢，更希望他人也得利益，以這種雙贏的存心，一定能促使自己在商場中受到重視與推崇；明明知道如此做會吃虧，而對方也很清楚你是吃虧的，雖然在物質上有所損失，可是在信譽和人格上卻受到對方的肯定和感恩，這種事還是值得做，能吃得起虧也是一種慈悲的表現。當然在商言商，做生意不等於做布施，以經商之盈餘做布施較實際，不要以經商的資本而行布施。

4 政治的社會生活——政府及民眾間的互依

做一個佛教徒也不可能脫離政治的生活和影響。可以參加任何合法、公正、廉明的政黨，應該參與選舉並珍惜投票權。對國家、政府應盡納稅人的義務，和關心政黨、政治的責任。其目的是希望建立富強康樂、安寧和諧的社會環境。這也就是我們法鼓山的理念，從提昇人的品質，而做到建設人間淨土。對自己要負責，對社會要盡責，透過政治管道的運作，而完成建設人間淨土的目標。

佛教徒的社會生活就是從淨化人心進而淨化社會，所以用佛法來幫助自己，用佛法來關懷社會，並且鼓勵社會的大眾愛護大眾的社會。

（三）宗教生活

居士的宗教生活，也就是求受三皈、持守五戒、勤行布施、修習禪定、聽聞佛法、讀誦、禮拜、念佛、持咒等。

1 如何求受三皈？

所謂「三皈」乃是取得成為正信的佛教徒必經的過程，而「三皈」儀式的重要性如同總統的就職、國王的加冕等，是從內心表現出來的一種由衷的宣誓、一種懇切的承諾、一種渴仰的祈求、一種虔誠的皈投，對信仰心理的堅定與否，具有很大的作用。

對佛教，信仰的中心，是佛法，佛法能使我們離苦得樂，所以要信仰。佛法是由佛說的。佛法是由僧眾結集（編輯）、傳流、住持、弘揚的，所以也要信仰。合起來，便是信仰「佛」、「法」、「僧」，稱之為三寶。信仰的入門，便是皈依三寶。

皈依三寶的儀式，是請一位出家的僧尼作證，並且教授三皈的內容，那就是：

(1)我某某，皈依佛，皈依法，皈依僧。（念三遍）

(2)我某某已經皈依佛，已經皈依法，已經皈依僧。

(3)修學佛法，擁護三寶，永不退信。

(4)願度一切眾生，願斷一切煩惱，願學一切法門，願成無上佛道。

三皈的儀式，簡單而隆重，主要是使自己一心一意地皈投三寶、依仰三寶，在三寶的啟導之下，得到現前的身心平安，以及未來的解脫，乃至成佛。如何達成以佛法來淨化生活、提昇人品，既得現世利益，也得後世安樂，便是依照佛陀所說的教法去實踐、去修行。

2如何修持戒？

持戒的目的是在改過遷善。改過為不造一切惡業，可得離苦的果報；遷善為努力一切善業，可得幸福的果報。如果只求離苦得樂而不從身心行為方面切實改過遷善，便與常情常理的因果定律相違。

佛法教人持戒的內容，有兩種層次：一是自利自保的五戒，二是利樂眾生的四種精進。

五戒是指：⑴不殺生，主要是不殺人。⑵不偷盜，主要是不取非分之物，不收不義之財。⑶不邪淫，主要是不違社會秩序，不背人間倫理，不妨害家庭，不損傷健康。⑷不妄語，主要是不以語言使得他人受到損害。⑸不飲酒，應包括麻醉藥在內，主要是不以飲用酒精及麻藥，失去自制能力而去做出殺、盜、淫、妄的犯罪行為。

四種精進，又稱為四正勤。那就是勸導他人除一切惡修一切善，也正是七佛通誡偈的頭兩句所說：「諸惡莫作，眾善奉行。」⑴已作之惡令中止；⑵未作之惡令不作；⑶已行之善令增長；⑷未行之善令修行。努力不懈，修行這四句話，叫作四種精進。前兩句是為眾生拔苦，後兩句是給眾生帶來幸福。拔苦與樂，正是大慈悲心的菩薩行。如何能夠勸導世人，同來修行這四句話，那就先要以現世的利益、現前的好處來使他們感動，進而接受你，相信你。所以通常要以布施做為入手的方便。

3 如何修布施？

人類為了生活的保障及生命的安全，必須養成隨時儲蓄的觀念和習慣，儲蓄的方式可有兩種：一是有限的，一是無限的。有限的是以財產存於銀行，無限的是以財產存於社會。前者是為保障個人及家庭的安全，後者是為保障整體社會的安全。個人不離全體，所以兩者的儲蓄，都有利於個人。

儲蓄的時間也有兩種：一是現世的儲蓄，二是永恆的儲蓄。現世是於即身的自我獲得回饋，永恆則是於無限的未來享用不盡。一般的銀行存款及現實的社會福利，都能立竿見影，所以是為現世利益而儲蓄。佛教的弘化事業，護持三寶，以佛法救濟人心，乃是無盡藏的儲蓄，因為一個人向十個人弘傳佛法，不僅十人獲益，以十人若各傳十人即成百人，以百人向橫面是對當今社會、當今世界傳播佛法，向後世是對無盡的未來社會傳播佛法。只要是佛法所到之處，只要有佛法傳流之時，你的功德就跟著傳遍，跟著傳流，那豈不是永恆而普遍的儲蓄嗎？

因此，我們應當努力儲蓄，以聚沙成塔、集腋成裘、水滴石穿的方式，積少而多，日復一日，以我們有限的物力、智力、體力、心力，不斷地修行布施功德。為目前固然要布施，為永恆更加要布施。唯有布施功德最容易做，隨力隨心。給貧病急難做布施是大功德；擁護佛法、培養弘法的人才，有無量功德。

4如何修禪定？

禪定的意思是心無二念，開始練習時必有方法，方法的作用是使得我們的心念由散亂狀態而至集中狀態，再由集中狀態而至統一狀態。到了統一的狀態，便稱為定，但是統一狀態也有不同的層次：由身心的統一，至內心與外境的統一，再進一步，便是前念與後念的統一。要想達到前念與後念的統一，必須經過前念與後念的連續如項鍊，一念扣一念，念念同一念，一樣的念頭，然後才能把前後念的間隔消化，僅剩下一念的存在，此時即是止於一念，名之為定。連此一念也不存之時，便是即定即慧。

初修禪定之時，可有許多方法，舉凡禮拜、誦經、念佛、持咒、梵唄、經行等，都為達到安心、靜心和淨心的目的，只要由於修行而使身心平衡，都是定的功效。以上所舉各項，都是佛經中處處可以見到的修定方法，即使沒有高明專長的老師，也安全可靠而不會產生副作用及後遺症。不過這些均屬於散心修定。

如果遇到對禪定已有經驗，並對佛法有正知正見的老師，就向他們學習專心修定的方法。那是指的禪觀法，或被稱為止觀方法，禪宗則為參禪的方法。

禪觀的方法，一定不離三個原則，那就是：調身的姿勢，調息的呼吸，調心的專注。以放鬆身體的肌肉，也放鬆頭腦的神經，為基本的要求。正確的姿勢，包括行、坐、立、臥四種，以輕鬆端正為原則。正確的呼吸，以自然的速度為原則。正確的專注，則以只顧方法不問得失為原則。如果企圖心強，急功好利的心旺盛，便會為你帶來魔境的困擾。必須要有佛來佛斬、魔來魔斬的心理準備，才會安全。所謂斬佛斬魔的意思是說，不論可喜或是可怖的任何景象及感受出現，都把它當作幻景及幻覺處理。否則若遇惡境易生退心，甚至毀謗三寶，指為修行不得好報。若遇善境易生慢心，甚至宣稱得大神通，證了聖果成了佛，那就太可憐了！

5 如何禮拜？讀誦什麼？

禮拜的方法，與合掌的方法相同。其動作最好請哪一位法師或居士給你當面示範。

至於禮拜什麼？為何禮拜？初入佛門是有求禮拜及有相禮拜。求平安、求智慧、求幸福，是正常的心態。所謂有相，是指有對象、有目的。面對佛菩薩聖像，或對特定的佛經，每天定時定數禮拜，為己為他，消業障、除煩惱。學佛既久，便知無求無相才是修行的究竟目標，所以每天照樣面對佛菩薩的聖像禮拜，只是一種恆課。

讀誦的佛經，但視為了什麼目的，再看能有多少時間。通常佛教徒們讀誦的經典，不出《心經》、〈普門品〉、《阿彌陀經》、《金剛經》、《藥師經》、《地藏經》，一部分有較多時間的人，可以讀誦《法華經》、《華嚴經》。誦經的方式，如係一人，可用木魚，也可不用木魚，兩人以上同誦，則須用木魚。最好確定一部經，發願在一定的期限內誦完多少遍，不要今天誦此經，明天又換另一經。誦經不為求解，只求字音不錯，不一定要知道經義為何。

至於看經是為知解經義，包括上舉讀誦的諸經，另外有《無量壽經》、《觀無量壽經》、《楞嚴經》、《圓覺經》、《勝鬘經》、《維摩經》、《楞伽經》、《解深密經》、《涅槃經》、《大般若經》等。不過我自己是從四種《阿含經》下手的，其先後次第是《雜阿含經》、《增一阿含經》、《中阿含經》、《長阿含經》。要看論典則有《大乘起信論》、《寶性論》、《俱舍論》、《瑜伽師地論》、《中論》、《大智度論》、《六祖壇經》等。看完這些經論時，你已是一位佛學的通家了。

6 如何念佛？如何持咒？

念佛與持咒，本來源於修定的方法之一，然在淨土教及密教獨立成派之後，便與修定的方法分了家。如果站在整體佛法的立場來說，仍是彼此呼應的。

念佛的方法，可以涵蓋念一切佛與一切菩薩聖號在內，未必單指念的阿彌陀佛，例如七天之中單念阿彌陀佛，稱為彌陀七，單念藥師佛，稱為藥師七，此外尚有彌勒七、地藏七、觀音七、文殊七、普賢七等。

如何念佛？有兩大類：一是散心念，二是專心念。前者可在任何時間的任何場合，以出聲念或心中默念，甚至一邊跟人談話，一邊照常念佛。至於後者是剋期取證的念佛法，在特定的專修期間所修的方法，通常用連續念、高聲念，自聽其聲念。印光大師則勸人用數數念，數數與計數不同，計數是用念珠計算，數數是每念一句佛號默數一個數目，念至十句，數到第十，再從第一數起，如是周而復始，便會達到專注的效果。念佛念至「一心不亂」的狀況，必定是專心念佛而非散心念佛。

至於持咒，許多人以為凡是持咒即是修的密法，其實不然，正規的密法，必由上師的師師相傳，必有儀軌修法。一般的持咒，則與持名念佛類似，故在顯教各派，乃至明朝以下的中國禪宗，也用許多明咒。持咒之法，是口誦、耳聽、心惟，身、口、意三業相應，持咒才真得力，那也是定的一種。若以散心持咒，當然也有功德及感應。持何咒文？則端視個人的心向習慣及因緣而定。通常的人多持〈大悲咒〉、〈觀音咒〉、〈準提咒〉、〈吉祥咒〉、〈藥師咒〉、〈地藏咒〉、〈往生咒〉、〈楞嚴咒〉等。可以用數珠計數念，也可以計時念。

7 如何修智慧？

依據大、小乘經論所介紹的智與慧，有所不同。「智」有世間智與出世間智，世間的知識以及世間的聰明才智，都以「我」為中心，不論是個別的小我或全體的大我，都未脫離我執煩惱，所以名為世間有漏智。唯有超越了自我中心的一切心理或精神的運作，始稱為出世間的無漏智。開悟即是無漏智的功能顯現，開悟時對自己斷煩惱、除執著，開悟後對眾生施法雨、濟苦難。自度度人而又自知自覺。

至於「慧」共有三等，稱為聞、思、修的三慧：⑴聞慧，是依聽聞佛法，讀佛教經論，理解佛法所說的道理和修行原則。⑵思慧，是依所聞的慧解，如法修行，一邊仍依經教，一邊已從修行過程獲得體驗。⑶修慧，是從思慧更進一步，不依經教，大用現前，然其終亦不會與經教相違。

8 居家恆課

在日常生活之中，必須每日抽出最低限度的時間，來將身心全部交給自己的修行生活，如能定時定數，那是最好，至少每天不得少過兩次。這就是用來修持：配合自己的生活環境，拜佛、靜坐、誦經、念佛（如環境嘈雜，觀想默念即可）、懺悔（包括毫不容情地反省，至誠懇切地悔過，以及對於三寶恩德的感仰），選定一、兩種，做為日常的恆課，但於懺悔一項，不能缺少，唯有在不斷地懺悔之中，才能不斷地改往修來，才能不斷地邁向成佛之道；唯有天天都是生活在「覺今是而昨非」的新境界中，才是最能變換氣質的人，才是最有新希望、最有新發現的人。懺悔能用禮拜最好，但亦可不用儀式，跪著，坐著，站著，均無不可。不過，凡在功課之時，必須放下萬緣，一心歸命，縱然少到每次僅僅數分鐘，行持久了，日子長了，必有效驗可觀，至少，對於人生的境界，必將開朗豁達。

（原收錄於《佛化家庭手冊》）

樂齡長青

佛化聯合祝壽致詞

諸位壽星，祝福大家松柏長青、身體健康。

我以以下六點來向諸位壽星祝壽、勉勵：

（一）聯合祝壽的目的是為提倡孝道的精神。

（二）聯合祝壽是為提倡社會敬老尊賢的風氣。

（三）聯合祝壽是為提倡人間互相關懷。

（四）聯合祝壽對壽星本身而言，具有三重意義：

1. 是對人生價值的溫故知新，亦即復習過去，開創新的未來。

2. 是使個人的人生經驗具有承先啟後的作用。

3.是使諸位壽星菩薩在人生中能再接再厲。

（五）聯合祝壽是鼓勵諸位要有自己的信仰，尤其對佛、法、僧三寶的信仰，凡是對三寶有信仰的人，可明確地了解到：

1.人生是有限的，而生命是無盡的。人既然出生，就不可能不離開世間，所以人的一生是有限的，可是在每一生一世中，皆是在行菩薩道，直到成佛為止，再回到人間來廣度眾生；所以，人生是有限，而生命是無盡。

2.在無盡的生命中奉獻自己成就眾生，這就是修行的菩薩法門。年長者來說則是應盡量多運動、多發揮自我，多「活動」，亦即所謂「要動才能活，要活就要動」，除運動外，當義工更是個好方法，例如常有七、八十歲的老菩薩到農禪寺來當義工，協助清潔的工作；此外，若能來參加我們所舉辦的各種活動，必定也能心生歡喜，身體常保健康。

（六）以佛教的立場而言，所謂壽星，其意義應是：

1.人生雖然是無常，但所願卻可無窮，願自己健康、成佛，願兒孫健康、幸福，願眾生皆能成佛，這即是無窮的願力。

2.老人是人生的豐收季，更是人生最成熟的黃金時代。一生中有苦、有樂，也有值得懷念的人、事，即使走過坎坷的路途，但隨著年紀的漸長，一切都要心存安慰，面對過去有過錯可以改進，若有不如意的事，在學佛後也能滿足於一切，尤其各位今日來參加聯合祝壽，可說是人生中最值得紀念的一天。

今日在座有六十位壽星，我以四句話來祝福諸位：「夕陽無限好，不是近黃昏，前程美似錦，旭日又東昇。」亦即夕陽十分美好，但不是已近黃昏，就如同人生必須一生生地過，我們必須不斷地往前走。

今年壽星中有六十、七十、八十、九十歲的長者，我自己也已年過六十歲，本身也應屬壽星中的一分子，故以此與大家共勉之。

（一九九四年九月二十八日講於北投農禪寺，原收錄於《一九九四法鼓山禮儀環保年禮儀環保實錄》）

附錄

訪聖嚴法師談佛化聯合祝壽的精神及內涵

問：請問聖嚴法師，法鼓山農禪寺為什麼要舉辦佛化的聯合慶生？對壽星本身，以及他的家人有什麼特別的意義？

答：慶生是對自我成長、自我價值、自我成就的肯定及尊重。例如小孩子生日時，父母為了表示歡喜而慶祝，一則慶祝小孩一年有一年的成熟，一則回顧過去生命的歷程，展望未來的前途。

站在佛教的立場，我們是為了感念父母、懷念父母而紀念自己的生日，同時佛法說「人身難得，中國難生，佛法難聞」，今日我們獲得人身，又生在中國（有文化及佛法的地方），又能聽聞到佛法，所以要感到非常地慶幸！更何況「人命在呼吸間」，「萬法無常」，人的生命非常短暫，隨時可能死亡，能多活一天就是因為有福報，所以每逢生日的時候更要抱著珍惜生命的態度來慶祝這一年的過程，檢討過去一年的種種，對未來的生命許下新的宏願。同時要在生日當天，告訴自己：「已作之惡當斷除，未作之惡令不生；已作之善要繼續，未作之善令增長。」

生命是可貴的，當然值得我們慶祝；而壽命得以延續，不但受恩於父母，也受恩於所有相識或不相識的眾生，若以佛教徒的觀點來看，任何眾生不論待我們以順逆，都是助我們成長的人。所以生日當天，要感謝一切有恩於己的人，尤其是父母親；除此之外，也要為父母及恩人祈福。這才是佛教徒慶生的意義。

慶生祝壽對為人子女者，也有很深的意義。儒家說「父母之年不可不知」，尤其父母親到了晚年，隨時有可能離開人間，所以子女要記得父母的年齡，隨時關心他們的安危。到了父母生日的那一天，更要特別表示關懷，為之祝福做壽，使父母高興，這也是孝順父母的一種方法。

其實為人子女者，若能對社會有所貢獻，使父母感到有子如斯是一份光榮和安慰，就稱得上孝順；再者，如果自己身心健康，讓他們安心，也是一種孝順的表現。所以每年父母生日，不論遠近，最好都能來到父母面前，讓他們高興，如果沒辦法做到，至少要在父母整數大壽的時候趕到。若還能在每年父母生日的時候，在事業上有新的成果，在身心上有所成長，對社會大眾有新的貢獻，那就是最好的祝壽禮了！

因此為父母親祝壽，不僅僅是說聲「祝福父母壽比南山」，甚至三叩頭的拜壽形式而已，應該是一種倫理精神、孝道觀念的顯示。

問：農禪寺的佛化聯合祝壽儀式，和一般有什麼不同？

答：現在有許多人僅僅為了虛榮，鋪張浪費，禮俗浮誇，沒有慶生祝壽的實質價值和意義。有人為了顯示自己兒孫滿堂、親友眾多、交遊廣闊，小生日、大生日都做，遇到整數生日，更是大宴賓客。如果年紀大了，客人少了，兒孫不能到場，就歸咎是世態炎涼，徒然覺得老來淒涼，而痛苦不堪，這著實與慶生做壽的目的相違背。

法鼓山為了鼓勵節約，響應環保，提倡孝道，並落實做壽的意義，特別舉辦聯合祝壽的儀式，歡迎六十歲以上整壽、法鼓山體系的壽星菩薩參加。我們會在農禪寺布置一個壽堂，使壽星們感到備受尊敬和推崇，也不至於太累，與會的親友們都能分享到壽星的榮耀和喜悅。典禮中，我們將用水果、茶點讓壽星與親友共享，並請法師或教內大德為壽星說法、稱頌、恭賀及祝福，讓大家在無量壽、無量光、無量智慧、無量慈悲、無量溫馨的氣氛中，共度一個充實喜悅的慶生大會。

問：但是有一些上了年紀的人，雖然在祝壽時表面上高高興興，但是心裡卻想著「又老了一歲，又更接近死亡了」，悲觀和恐懼的情緒揮之不去。請法師藉這個機會，談談老年人應有的佛化人生觀，相信這也是法鼓山舉辦這項活動，背後真正的用意。

答：的確是有一些年長者有著你所說的這種問題，他們覺得人愈來愈老，擁有的時間愈來愈少，生命就快要到了盡頭。我們不妨先來分析，看看是哪些人會有這樣的心情。大致上可以分為三種：第一種人學佛卻對佛法不是很清楚，觀念不是很正確，以為老了就是無常快到了，來日無多，充滿落寞的感覺；第二種人沒有學佛，從不知道佛法是什麼，以往在事業上也沒有太大的成就，退休下來，因為家庭單薄，子女不多，財富不多，沒有什麼值得驕傲的；第三種人，到了六、七十歲，兒女先自己而去，或是兒女不肖，成就不高，益發加深他們寂寞、孤單的感覺。

這三種人生日做壽一定不會愉快，如果平時和親朋子女不常往來，做壽時的聚集，只能算是社交的、禮貌性的、人情上的應酬，而不是發自內心真誠的祝福，這樣的祝壽，雖有一時的強顏歡笑，卻不是真正的快樂。

對於這種人、這種情況，採用佛化的祝壽儀式對年長者的幫助最大了，透過佛化的祝壽，使年長者經由佛法建立對生命更正確的認識，疏導年長者的疑懼，讓他們知道「生不帶來，死不帶去」，是生命不變的道理，還不如多布施做功德，甚至勸人學佛、念佛、拜佛，以此度眾廣結善緣；如果年紀太大，以上所說的都做不到，至少還可以念佛，事實上念佛可以讓年長者的心理愉快，減輕身體上的痛苦，得到身心的平安。

而在面對死亡的問題上，既然知道人難免一死，就要積極運用佛法的觀念發願往生淨土。一般人是可以發願往生西方極樂世界，以念佛的方法，藉著阿彌陀佛的願力來達成。有很多人念佛念得很好，在談笑間突然間就走了，稱得上是無疾而終；還有人能預知時之將至，過世前就知道自己什麼時候要走。這些都證明了學佛能助人善終，讓人臨終得瑞相，帶給學佛的人光明的未來。

除了發願往生西方極樂世界，還有人發願生生世世學佛，廣結善緣，甚至出家修行，生生世世度眾生。發這種願的人，都是對自己、對佛法有信心，在願力的背後有著無窮的毅力，對未來一定是充滿希望與展望，這也是對死亡一種很健康的看法。

也可以把由老至死當成是一日將盡，累了一天，洗個澡、換下身上的衣服，是再自然不過的事了，而所謂的「夕陽無限好，只是近黃昏」不是就此完了，因為日落西山後，明天還將會從東方升起，前程無限美好。由這個觀念延伸出來的，就是要人對世俗的得與失看淡、看輕、看遠，尤其到晚年，凡事不存得失心，對未來就不會有失望、落寞的感覺。

以上所說的種種，都是我們希望藉由佛化祝壽儀式給年長者一些人生觀上的指引和安慰。

問：年長者若想在佛法中尋求精神的寄託，應該如何從修行上著手？

答：老年人的修行方法，其實要看他個人的身體、心理的健康狀況，以及生長背景、生活環境來決定，不能一概而論。有的人年紀雖大，可是還覺得自己很年輕，心理年齡與年輕人一樣，修行的方法自然也與一般人無異。

但有些年長者的身體或心理的狀況不佳，要他們和一般修行者同樣念佛、拜佛、禮佛，大概很困難。他們寧可坐在電視機前面看電視，或在路邊、路口看車來人往，消磨時間，也不願修行，這是因為他們的信心不足，心力提不起來，因而拒絕信佛學佛。這時候，做子女的人，或是親戚朋友們，就必須付出很大的耐心和愛心，鼓勵他們走上菩提道。

對於年老後才開始學佛的人，我的建議是：並不一定要深入佛理，鑽研義理，但是能有一些佛法上的基本認識，對他們卻是很有益處的。例如佛法中的因果觀、因緣觀，明白人生的聚散是自然的法則，要放下財產、情愛、怨親、敵人等這些觀念，都能讓老年人在面對老、病以及終老的問題時，會更坦然，更豁達。

其實大部分的人是沒有宗教信仰的，尤其是中國人，他們或許能將晚年生活安排得很好，注重身體保養，常常運動、旅遊，也會去做義工，但就是不覺得自己需要宗教。平時生活緊湊倒不至於有無聊與失落的感覺，然而缺乏宗教的信仰，對未來毫無概念，對此生結束後將往何處去，茫無所知，總以為這一生過完了就什麼都沒有了，只要對這一生負責就夠了，沒有永恆的目標，生命對他們而言，只是此生的片斷而已。

至於有宗教信仰的人，是不是就知道會往何處去？也不一定。不過至少心中有一個願，便能為他帶來無窮的希望。所謂「生命無常，我願無窮」就是這個道理。

對於沒有宗教信仰的年長者，剛開始可以藉由當義工、修布施的方式，讓他們參與道場，接觸宗教，當他們了解宗教人士在做什麼後，慢慢就會能接受宗教。

（原收錄於《一九九四法鼓山禮儀環保年禮儀環保實錄》）

佛化長青的生活指南

緣起

人口高齡化已是目前世界各國的趨勢，臺灣當然也不例外，愈來愈多的高齡人口，促使社會各界開始重視年長者，關心他們心理、生理上所可能遭遇的問題。

其實在中國傳統倫理之中，一向很重視「敬老」與「養老」的美德。只是在社會現代化的過程中，「敬老尊賢」的觀念已經逐漸淡薄，從前強調含飴弄孫、閉門養望的「養老哲學」又跟不上時代的腳步，使得年紀大的人雖因醫學進步，擁有較長的壽命，卻在社會上得不到應有的尊重，精神苦悶，再加上生活內涵貧乏，益發加深年長之後的失落感。

法鼓山文教基金會秉持佛教關懷人間的本質，希望能透過佛法，以心理學、醫學、社會學的方法，落實對年長者的整體關懷，發揚傳統敬老的美德，倡導現代化的養老觀念。因此，在「禮儀環保」系列活動之中，就特別安排有「佛化聯合祝壽」，因為祝壽不是吃吃喝喝、表面熱鬧，而應當有其深刻的意義。

對壽星而言，祝壽有兩層意義：一是以感謝心來紀念、感謝父母生養之恩，社會培育之惠，慶幸自己又年長了一歲；二是以悲願心看未來，只要還活著一天，就要對社會有貢獻，為人群做努力。同時以佛法的觀念，用超越肉體的宏觀角度，朝無盡的未來，與自他的全體來看生命存在的價值。這樣的祝壽方式，不但壽星自己受益，來參加的親友必定也能感同身受。

除了舉辦佛化聯合祝壽，法鼓山文教基金會也製作《佛化長青手冊》，內容介紹了心理調適、日常生活規畫、保健養生，以及修學佛法的準則與方法，提倡現代化的養生哲學，是日常居家實用的參考資料。

規畫生活，享受高齡

根據聯合國的標準，所謂的老人是指六十五歲以上的高齡者，有人則是以退休與否做為標準；然而不論以什麼來衡量，我們也都聽說過「未老先衰」、「人老心不老」和「老當益壯」的形容詞，這都說明年齡不是唯一的標準，應該還要取決於心理與生理各方面的因素。在醫學發達的今天，活得長壽已不是難事，重要的是要活得莊嚴，活得快樂自在，那才是年長者所要追求的生活。

（一）心理調適最重要

隨著年齡的增長，必然會面對心理、生理以及與外界關係的各種轉變；心理上調適得好不好，往往是高齡後生活快樂與否的關鍵。因此，在基本的心態上，應具備以下幾個觀念：

1.把握當下，日日是好日：上了年紀的人最愛回憶過往，適度地表達尚屬健康，但過分地沉湎，就不免消極，要不然就是過度關心身後事。正確的觀念應該是愈到老年，愈要好好把握眼前的時光，讓每天都過得充實有意義。

2.坦然面對生老病死：接受自己逐漸步入高齡的事實，明瞭外表、容貌、體力上的改變，都不過是一種自然現象；對於死亡也要以更宏觀的角度來看待，體認到那不是結束，而是另一階段生命的開始，便能坦然面對，不再有任何的恐懼和憂慮。

3.跟上社會的脈動：現代人身處多元化的社會，若還抱持「晚年唯好靜，萬事不關心」的態度，一定會和社會脫節，到處格格不入，加深寂寞、空虛的感覺。所以要積極吸收新知，多關心周遭的事物，參加社團、慈善公益活動、擔任義工……，跟上時代的腳步。

4.維持良好的人際關係：退休後的人在家的時間多了，與配偶、兒女相處的機會增加，應該切記「家和萬事興」的道理，不要過分干涉家人的生活方式，也毋需過於依賴，凡事多忍讓、多包容，以感謝的心珍惜所有相聚的時刻。當然，和過去的同事、朋友仍然要保持聯絡與關懷，同時不要害怕結交新朋友，也要以開放的心胸多和小孩子、年輕人接觸，讓年老的心情更開闊，思想不落伍。

5.尋求宗教信仰：正確的宗教信仰，讓精神有所寄託，情緒得到穩定，即使有什麼病痛也會得到支持的力量，同時也較能泰然面對終老的問題。事實上根據一項調查顯示，有宗教信仰的年長者，通常對生活的滿意度比較高，也比較會有幸福感，這是因為透過宗教的信仰與修行，能讓身、心得到最圓滿的調和。詳細的內容，請參考本文第四部分「修心養性，常保安樂」。

（二）生活起居善安排

除了正確的觀念與信仰，年長者在生活上也要有妥善的規畫與安排，以下是我們在飲食、衣著、居住、財務、教育、休閒六個方面的建議：

1.飲食清淡有節制：中年以後的飲食，應遵守「清淡」與「少量」兩大原則，並且最好能茹素。醫學的研究已經指出，素食者的血液呈現最適合人體狀況的鹼性，足夠的纖維質讓腸胃蠕動正常，減少腸道內毒素的積存，而且膽固醇會大幅減少；整體來說，素食可以降低罹患癌症、心臟血管疾病、高血壓、糖尿病、結石等的機率。不過素食者也要注意營養的均衡，脂肪的攝取不宜過量，多吃新鮮蔬果，少吃醃漬、加工過的食品。

2.適度的穿著打扮：穿著以舒適、端莊為原則，衣服的材質最好是輕柔、透氣、不易皺的，而且要穿脫方便。外出時適度的打扮是一種禮貌，即使在家裡也不可過於隨便，尤其不要整天穿著睡衣，頭也不梳，外表邋邋遢遢，會顯得格外沒精神。此外，年紀大了對冷熱的感覺會比較遲鈍，應該多加注意，以免受寒。

3.注重居家環境：安全是首要前提，在浴室、廚房、樓梯、地板等容易發生意外的場所，可以鋪上止滑磚或防滑墊，並加裝扶手，加強照明設備，以防止跌倒，家具最好不要有太多尖角，座椅、床鋪不可太軟。其次要考慮舒適性，年紀大的人較怕吵，所以房間的隔音要加強，屋內空氣流通要好，濕氣不能太重，並且要注重環境的清潔衛生，因為那是維護健康的第一步。

4.妥善規畫財務：退休往往也意味著固定收入的減少，便應該及早做好財務規畫，不要把財產全給子孫。在觀念上，要先建立「知足少欲」的想法，不揮霍，不浪費，但也千萬不要慳貪吝嗇，被人冠上守財奴的封號，畢竟錢財乃身外之物，生不帶來死不帶去，不如多布施，幫助需要幫助的人。最後，切忌盲目地投資，投入無謂的金錢遊戲，以免賠上老本，得不償失。

5.熱衷學習進修：維持旺盛的求知欲，可以保有一顆年輕的心。只要是有興趣的、體力許可的，例如：繪畫、陶藝、插花、舞蹈、書法、語言等，都非常適合。目前各縣市政府或各成人教育單位，都針對年長者開辦有長青學院、松柏學院、老人大學等，從基本的識字班、國語班，到英語、日語、電腦班等都有。

6.適度休閒娛樂：很多年長者經常覺得時間多得不知道怎麼安排，如果不知妥善運用，難保不會悶得發慌，悶出病來。安排休閒娛樂可依個人的興趣做選擇，最好是對身心健康有益，例如：爬山、旅行、園藝、閱讀、看畫展、聽音樂會等等。如果過去因為工作、家庭的關係，擁有一身才藝卻尚未發揮，退休後正好可以一償宿願，做個素人畫家、業餘攝影師或作家，自娛又能娛人。

養生保健，延年益壽

拜醫學進步之賜，現代人普遍長壽，並在追求高壽的同時，也希望能減少患病的機率，延緩老化的程度。因為如果年紀大了卻病痛纏身，成天在藥罐子中打轉，嚴重的話還要依靠親人照顧，成為他人的負擔，不但造成起居作息的不便，生活品質大受影響，更遑論享受老年生活。根據統計，有百分之七十以上的老人患有一種以上的疾病，其中以癌症、腦中風、心臟病、高血壓、糖尿病、呼吸器官等的病症居多。而隨著身體機能的退化，則容易出現記憶力減退、骨質疏鬆、青光眼、白內障、聽力退化、皮膚病、消化不良、腰痠背痛等狀況。若以中醫的觀點來分析，老人病往往有表裡並發、虛實夾雜、陰陽獨盛的特徵。

高齡者在平日就要注意自己身體的狀況，有問題立刻求診專業醫師，不要諱疾忌醫。並且最好能在住家附近找一名家庭醫師，不但方便就診，而且他會比較了解您的健康狀況，有什麼變化可以及早發現，必要時才上大型的醫院。此外，吸收正確的醫學常識，也有其必要。

不過注重健康並不表示就該整天緊張兮兮，動不動疑神疑鬼，覺得自己渾身都有病；要不然就是過度防衛，什麼活動也不敢做，門也不敢出，弄得生活沒有樂趣，日子如同嚼蠟，那就真的是本末倒置了！

（一）長壽養生的要訣

年長者除了生病要尋求醫師的診治，最重要的還是注重日常的養生保健，因為「預防重於治療」。觀察長壽者，通常可以在他們身上發現一些共同的特徵，再配合專科醫師的建議，便可歸納出長壽的要訣如下：

1. 注重飲食營養：飲食與健康息息相關，適當的營養更可以減緩老化的速度。每餐的分量不要多，最好只吃七分飽，但是營養一定要足夠、均衡。此外高齡者多半牙齒不好，會影響進食的意願與食物的咀嚼，或是因服用某些藥物，都會降低營養的吸收，必須特別注意。

2.養成每天運動的習慣：運動對身體健康有益已是不爭的事實，但是高齡者做運動不可以太激烈，也不要勉強，步行、游泳、太極拳、瑜伽、健身操、爬山等都不錯，但要注意，適合甲的運動不見得適合乙，例如爬山，對有退化性關節炎的人就不適合，所以一定要配合個人的體能狀況來做選擇。

3.起居作息要正常：上了年紀的人作息要正常，生活步調最好是不疾不緩，尤其睡眠要充足，不要熬夜，養成早睡早起的習慣，並在早、中、晚各做一些運動，若有安排娛樂休閒活動，也要有所節制，千萬別因此勞累過度。

4.定期健康檢查：不要等到身體很不舒服了，才上醫院求診，最好能早期發現，即時治療。根據醫師的建議，超過六十歲的人，每年最少要做一次健康檢查，而平時在家也要常常注意血壓是否正常。

5.戒菸、戒酒：菸與酒是健康的大敵。抽菸會增加心臟血管、呼吸系統患病的機會，酒喝多了會影響肝臟、腦神經等的功能，上了年紀尤其應該戒絕。不管您已經當了多久的癮君子和「飲」君子，戒菸、戒酒永遠不嫌遲！

6.行善修福：常言「助人為快樂之本」，從佛教的觀點來看，健康與否，僅注意生理的調養是不夠的，心理的平衡與精神的提昇更是重要，常常行善、助人、布施、修福，對身體、心理都有極大的好處。

7.保持樂觀的心情：長期情緒低潮，會加速身心的老化，不利於疾病的痊癒，所以要時時保持開朗、愉悅的心情，凡事不要斤斤計較、鑽牛角尖。偶爾有什麼不順心的事，也要懂得疏導情緒，方法是多參加社交活動、做有益身心的休閒、和三五好友談心，最好還能有正確的宗教信仰，及健康的修行活動。

8.多動腦，多用腦：隨著年齡的增長，人的記憶力會衰退，但是如果能加強鍛鍊腦力，多從事讀書、寫作、計算數字、繪畫、下棋等腦力活動，就比較不容易遲鈍，也會減少罹患老年癡呆症的機率。此外，對周遭的事物保持高度求知和關心的態度，也都有助於延緩腦力的退化。

9.選擇合宜的生活環境：環境中的空氣品質、濕度、噪音、飲用水質都會影響身體的健康，高齡者適應力較差，更要注意居住的環境。如果無法改變居住的地點，至少也要有改善的措施，例如加裝除濕機，加強隔音設備，避免在空氣不好的時段出門等。對於那些需要長期在家養病的人，則要格外注意環境的清潔，布置上要明亮、整齊，切勿暮氣沉沉。

（二）別讓病痛成主宰

然而，再怎麼注重保健養生之道，也不可能一輩子無病無痛。所以在心態上要接受年紀大了難免會生病的事實，要認知到飲食、生活習慣會因為療病而有所調整。

而且，不要認為生了病就什麼都不能做，如果不是情況特殊，可別成天懶洋洋地躺在床上，或是坐著發呆，應該在必要的休養外，盡可能維持正常的作息和社交活動，只要是自己做得來的事就不要假手他人，否則那會更不利於復健。

在養病的過程中，則應格外注重心理的調適，不要自怨自艾，憂愁不已，也不要亂發脾氣，見到人不要抱怨連連，訴說自己生病有多可憐，罵兒女有多不孝順，更不要誇大病情，想藉此博得別人的同情。應該敞開心胸，一方面接受老病的事實，一方面讓自己的生活有目標、有重心，若有正確的宗教信仰，更可以轉移對病痛的注意力。

人生難免有病痛，雖有醫藥治療，仍然不時感受到痛苦、絕望、恐懼、憤恨，所以最好能有虔誠的宗教信仰。以佛教來說，年長者可以經由念佛禮拜，祈求佛菩薩加被，並在佛法的信念之中，找到安慰，尋得精神的寄託。

修心養性，常保安樂

上了年紀的人，注重身體保健，強調生活情趣，無非是希望獲得身心的安樂，享受祥和、悠閒、自在的生活。這些安排固然重要，但是內在修心養性的工夫一樣不可少，否則一旦寂寞孤單，思慮掛念的事情太多，或是受到一點病苦時，立刻身心難安，自暴自棄，情緒陷入低潮。其實上了年紀的人最忌情緒起伏太大，因為心理會影響生理，不少年長者的身體不舒服，醫生檢查不出毛病，最後才發現原來是「心病」造成的。

佛法向來就是強調從心地上下工夫，而佛更有「醫王」的尊稱，比喻佛能醫治眾生的心病，一如世間的良醫。在《雜阿含經》卷十五、《醫喻經》等，都說到大醫王具足「四法成就」：善知病；善知病源；善知病的對治；善治病已，更知將來復發的可能與因緣而斷除之。簡單地說，就是說修學佛法，遵循佛的教法，可以徹底、根本地解決心病，進一步得到解脫。在《大智度論》中也有一個比喻說「佛如醫王，法如良藥，僧如瞻病人，戒如服藥禁忌」，更是將佛、法、僧三寶與戒律的關係生動地描繪出來。

佛法的修持是講次第的，故有八萬四千法門之說，所以不論初學或老參，都能找到適合自己根機與性向的修行方法。而除了個人自修外，更可以參加各種共修法會、演講、活動，或是到寺廟中擔任義工。年長者可以因此拓展人際關係及與社會的接觸面，維持積極而有活力的生活態度。

（一）居家空間好修行

大部分的年長者都是退休後賦閒在家；要不就是兒女長大成人，原本忙碌的家庭主婦，一下子變得非常空閒。以前可能會因為工作忙、家務忙，想要好好修行卻抽不出空來，現在則是時間充裕，若能妥善安排運用，福慧自能增長，當然也絕對不會有寂寞無聊的感覺了。

以下簡單介紹適合在家自修佛法的方法，提供給過去在家裡沒有自修習慣的人參考。剛開始不妨多種互相搭配，才不會覺得單調枯燥，在一段時間的適應和調整後，找到適合自己的法門，以及身心狀況最理想的時段後，就要持之以恆，切忌一曝十寒；當然也不要一開始就將目標定得太高，給自己太大的壓力，不要事先抱定非要達到什麼境界不可，否則到最後不是患得患失，就是因為缺乏信心半途而廢。

1. 做早晚課：銀髮族不妨為自己定下早、晚課誦，一方面是修行，一方面養成固定習慣，讓生活有規律、有方向。課誦的內容與時間長短，可以依個人的喜好而定，內容可包括供養、禮拜、持名、讀誦、發願、迴向等。重要的是定時定課，也就是在每天同樣的時段做同樣的功課。舉例來說，上了年紀的人通常很早起，正好可以利用早餐前的那段時間來做早課；晚上不少人是坐在電視機前打瞌睡，這時候還不如去做晚課然後才就寢，一定可以睡得更安穩。當然，唱誦以及法器的使用，都應以不影響同住家人和鄰居為前提。詳細的課誦方式，可以請教佛教的法師。

2. 靜坐：靜坐是保持身心安定與平衡的最好方法，也有助於身體健康。可以每天固定一段時間靜坐，也可以配合早晚課誦，在早課前、晚課後靜坐，時間長短依個人狀況而定。年紀大的人亦毋需擔心以前沒有練過打坐，一下子要盤起腿來會很不舒服，因為可以用漸進的方式練習。若真的無法盤腿，也可以採用坐在椅子上等其他姿勢，只要掌握姿勢端正，身心放鬆的重點即可。初學者最好還是向正統佛教的靜坐老師學習，不要自己盲修瞎練。

3. 念佛拜佛：念佛拜佛有助身心健康和安定，也可以達到一心不亂的境界，對於不習慣靜坐的人，可以採用念佛拜佛的方式，而拜佛的動作還能柔軟筋骨，達到運動的目的。拜佛應定時或定數，拜的時候不疾不緩，口中同時稱誦佛號。若身體狀況沒辦法拜佛，或是必須長時間臥床休息，光念佛號也是可以的，方法是將身心放鬆，摒除雜念，專注於佛菩薩的聖號上，或是藉著數念珠來幫助專心，很快地就會有清心安樂之感。

4.閱讀書籍：佛教的書刊種類繁多，選擇適合自己程度，符合自己興趣的去讀，內容只要是知見正確，不錯因果，有助於心性修養，增進佛學常識的，都值得一讀。當然，也可以為自己訂定讀書計畫，例如專讀一部經，或是專究一家之說，或是著重在某一位高僧、人物等的資料，給自己一個目標，讀起來會較有充實感與成就感。

5.聽錄音帶或看錄影帶：現在市面上出版了很多佛教相關的錄音帶和錄影帶，內容豐富，很受歡迎。尤其對上了年紀的人，有時候書看多了眼睛會覺得吃力，就可以改聽錄音帶；對於一些臥病在床或是不方便看書的人，藉著錄音帶或錄影帶，同樣可以修學佛法。

6.收聽或收看佛教節目：目前臺灣的電視台和廣播電台，播放佛教節目的很多，對不方便出門的銀髮族，也可以藉由信件的往來，和節目中的法師或主持人進行雙向溝通，達到請益佛法的目的。

除了上述修學佛法的方法，我們也鼓勵在家居士茹素、持戒。素食的好處在醫學上早有證明，佛法則認為若因食素培養慈悲心而不殺生，那更是功德無量；而在持戒上，最好是能守五戒，亦即「不殺生、不偷盜、不邪淫、不妄語、不飲酒」，並且盡可能發心受在家居士菩薩戒。因為持戒清淨，能使身心平穩、和諧，心性得以提昇。

（二）積極參與齊共修

除了在家自修，我們也鼓勵銀髮族多多前往寺院道場，參加各項共修活動。就修行的角度來看，共修有不可思議的力量，大家互相砥礪，有益福慧增長；而藉由活動的參加，擴大年長後的生活圈，日子過得充實，又能認識學佛道上志同道同的朋友，維持穩定的社會、人際關係，心情必定會豁達開朗。

在道場的選擇上，自然是以正統的佛教為原則，地點最好是離家近或交通方便的，否則會降低前往的意願，不容易持續。至於活動的項目，可以根據各人的喜好、時間與體力，選擇性地來參加，但最少要能選定其中一項長期定時地參加，持之以恆地精進。例如北投農禪寺就有念佛會、禪坐會、大悲懺、講經、朝山的共修活動，中華佛教文化館也有觀音會、藥師會以及梁皇寶懺等定期共修。

（三）加入義工的行列

除了參與修行活動外，還可以加入義工的行列。以農禪寺來說，每次法會、拜懺、禪一、禪三、禪七、佛七，以及夏令營、佛學營等大型活動，都需要眾多的義工菩薩前來護持幫忙，有的是整潔環境，有的是維持秩序，有的擔任文書工作，或是在廚房裡洗菜、切菜、煮菜。所謂「勤勞健康最好」，有的人還因為對義工工作的投入，而解決了自己的病痛問題，也有不少人是在義工工作中，才體會到工作即是修行的真諦呢！

目前農禪寺的義工有「萬行菩薩隊」的組織，並依個人專長分編為引禮組、廚房組、美工組、筆耕隊等，義工本身還有不定期的聚會，以及各種訓練的課程。高齡者參與其中，因為有機會接觸新的觀念、新的事務，活到老學到老，再也不用擔心思想跟不上時代了。

其實當前的社會福利工作，需要義工的場合相當多，做義工沒有工作壓力，卻有做功德的愉快。

（原收錄於《佛化長青手冊》）

臨終關懷

推動居士帶領助念風氣

助念，就是以念佛來助人，不一定是為往生蓮友而念，在共修的同時，也就是助念。

若是有人在臨終時痛苦異常掙扎不已，不願且恐懼死亡，該怎麼辦呢？此時，應該告訴他生老病死是人生必經的旅程，同時向他介紹西方極樂世界，鼓勵他發願往生阿彌陀佛的淨土，且心裡要隨時默念佛號。如果他心亂無法念佛，則告訴他只要心裡相信有西方極樂世界，願意去，就可以去了。

以這樣的方式來勸導臨終之人，是非常有用的。若其親友慌亂，手足無措，也可用此道理告之。如此，不僅可使臨終者放下恐懼，也可使其親友得到安慰，知道如何幫助他。曾經有個例子，一位學佛很久的居士在病危時，無其他蓮友前往探視及助念，最後在信基督教的女兒勸導下受洗，成了基督徒，改變信仰而願升天國。就佛教徒的立場來講，這是令人痛心且惋惜的事，原因在於佛教徒之間缺乏關懷及聯繫。

若是親友往生，大家都希望能有人長時間來助念，但要注意，自己也須付出，也要為別人助念，絕對不可自私，自私的人，甚至會使已往生的親友難過。因此勸勉大家，要盡量發心替別人助念。

助念，其實就是在度眾生。平時要度一個人非常困難，然而在臨命終時，最容易度，所以助念實為最好的度人因緣。助念的功德是相當大的，我們法鼓山有助念的組織，希望各位能透過助念團組織運作的協助多多替人助念。

除了自己平時多參加助念之外，也要鼓勵他人助念，尤其是已接受助念之家庭，更應排在首先勸導之列，因其本身受惠，意願必定較高。勸人助念，可使其信心增強，進而影響家人、親友，成為信心堅固自利利他的佛教徒。

在請求助念時，許多人會希望由出家師父率團前往，但是出家人畢竟是少數，力量也有限。所以，勸人助念、替人助念，須由在家人挑起責任，而出家人則僅居指導地位，如此，才能擴大助念的範圍及其功能。

助念是在度眾生，同時也是弘法，更是一種修行。所以，我們應推動由居士帶領助念的風氣，好讓更多的人得聞佛法，同霑法益。

（刊於《法鼓》雜誌四十一期）

臨終助念
——關懷最重要

這一年來，法鼓山有相當大的進步，特別是助念團在常住輔導師的支援下，及團長鄭文烈和副團長謝明月兩位菩薩的用心投入中，配合農禪寺和法鼓山的整體運作，貢獻良多。

我們農禪寺的信徒和法鼓山的會員，年年不斷地在成長，但是當信徒的人數成長得愈快，而關懷工作的質與量無法與人數的成長成正比時，則法鼓山以關懷為教育的目標就會落空，便會遭致「空喊口號」的批評，而我們助念團則是關懷工作中最重要的一環。

送佛到西方

值得欣慰的是，這一年來，由於輔導師非常用心，加上團長、副團長的配合，助念工作推動得非常成功。一年之中，助念團人數成長了四倍，可見大家對助念團的認同，也顯示出法鼓山的關懷理念做得愈來愈踏實了。

法鼓山的關懷理念是要從人的出生就開始關懷，一直到臨終，乃至於往生之後還要給予關懷。這種從「出生」至「往生」的種種過程全部都關懷到，即是「整體關懷」。

除了喜慶需要鼓勵、慰勉、道賀之外，若逢到某一位菩薩家裡有人病危，正在彌留之際，或者剛剛往生之時，最需要心理上的安慰和支援、信仰上的提攜和鼓勵。所以助念團的助念服務，乃是關懷工作之中最重要的一環。

中國有句俗話：「送佛送到西天。」也就是說好事要做到底，不可半途而廢，虎頭蛇尾。尤其是在人家緊急需要之時，更需給予支援。通常不管有錢或沒錢，人多或人少，只要家中有人病故或病危，家屬都會亂了方寸，不知所措。此時若有人用佛教的信仰去慰勉、鼓勵，實在是一大功德。

助念的功德

我們以助念的方式做關懷的工作，第一個受到利益的是病危或臨終的那位菩薩；第二是他們的親人；第三就是參加助念者的本人。而此中得到功德最大的又是誰？第一個是參加助念關懷的人，第二是病危或臨終的眷屬，第三才是那個病危或命終的亡者。

《地藏經》中說，要以佛法超度，人在健康的時候，就該自己誦經、拜佛、修布施、做供養，如此的話，滿分的功德均為己有。

我們能有因緣一次次地去為他人助念，雖然看起來是在為他人助念，而其功德是分分種入自己的心田，因為這是我們自己在修行。

其次，那個病危者或亡故菩薩的眷屬們，當我們前往助念時，百分之八十都會跟著我們一起念佛。很可能他們就因此成了三寶弟子，開始接觸佛法，接受三寶，修學佛法。

對亡者而言，我們要相信《阿彌陀經》、《無量壽經》、《觀無量壽經》裡講的，只要臨命終時有人為他開示阿彌陀佛的極樂世界功德莊嚴及阿彌陀佛的本誓願力，而起信心，發願往生，就一定能夠往生西方阿彌陀佛的極樂世界。所以，若能為人助念，真的是把一尊一尊的佛，送到西方佛國去了。

臨終助念

至於接受助念者雖不是立即成佛，但他們是未來的佛。鼓勵、慰勉、勸告臨命終時的人，讓他們絕對相信有阿彌陀佛會前來接引他們，往生西方極樂世界。到了極樂世界，蓮花開化生，見佛聞佛，進而修行，位階不退，然後倒駕慈航，再到我們的眾生世界，以菩薩身修菩薩道，廣度眾生，最後必定成佛。

腳踏實地

當我們看到被助念者出現瑞相時，實在是太歡喜了，自然而然會加深信心。對其家屬有此種感化力量，也是一份大功德。所以助念是一樁最大最好的佛事。

我曾講過這樣的幾句話，請諸位謹記：「佛教徒的過世，不是喜事，也不是喪事，而是莊嚴的佛事。」

我希望助念團今起重新出發，去年一年我們成長了四倍，還不夠，我們希望成長得更多更快，目前我們主要以三會會員為服務的對象，漸漸要發展到非會員的助念。

有助念的功德讓我們去做，我們應該很歡喜，無條件、沒有目的地去做，只要有人願意請我們，我們就去，但是不要弄到手忙腳亂。要在內部的關懷做好之後，才能對會外的人士提供關懷的服務。一定要腳踏實地，步步為營，才能向高處、大處、遠處邁進。

一起成長

我們希望助念團能迅速成長，但是在成長過程中，必須小心謹慎。在助念成員增加後，還是要加強提昇素質，不能把助念的觀念和目標帶偏差了；人數增加而觀念帶偏、宗旨混淆，那將得不償失。因此，助念團的菩薩們一定是在同樣的理念下，同樣的方式中，同樣的系統內來運作，彼此照顧，互相支援。

在助念團中，有的團員跑得很勤快，做得很好，幾乎每星期助念好多次，不僅放下自己忙碌的家事，而且不顧勞累，二十四小時風雨無阻地隨叫隨到，實在太感人了。可是不要忘掉有些區域，人數少需要支援。因此，我們希望做得比較好的菩薩們來輔導、協助、支援、提攜，帶動人數較少、觀念比較不那麼正確的區域，讓大家在互助中一起成長，才是最安全可靠的。

我們的助念團，是代表法鼓山整體的形象，諸位菩薩出去助念時，對外的形象必須是相同的，我們的服裝、使用的法物、攜帶的東西、助念的程序，都是統一的，這些請參考助念手冊。

（一九九四年三月五日助念團聯誼會開示，刊於《法鼓》雜誌八十期）

佛化聯合奠祭開示

封棺儀式

因緣因果自心起，
東南西北任逍遙，
從今摸著回家路，
放下一切成佛了。

今天我法鼓山僧釋聖嚴，帶領著僧俗四眾弟子，來為你們八位參加臺北市佛化聯合奠祭的男女居士，往生佛國淨土送行，請聽幾句佛法：「佛說：諸行無常，諸法無我。」又說：「眾生有盡，我願無窮。」世間的一切，都是無常的，都是空的；你們的行善功德，乃是可靠的。所以你們諸位，應當放下萬緣，立即便得自在。諸佛菩薩的悲願是無窮的，佛國淨土的莊嚴是殊勝的，所以你們諸位隨我受三皈依，承佛慈力，接引往生，西方極樂世界。請亡者眷屬代替亡者隨著我說：「皈依佛、皈依法、皈依僧，南無阿彌陀佛。」封棺！

起靈儀式

如來如去無去來，
大事小事實無事，
空花水月不用管，
求生淨土最要緊。

法鼓山僧釋聖嚴，今為你們八位參加臺北市佛化聯合奠祭的男女居士說法起靈，請聽幾句佛法：「佛說：一切有為法，如夢幻泡影。」所以你們應當看開一切，放下一切。佛又說：「佛是真語者，實語者。」佛曾告訴我們，只要發願往生極樂世界，必定蒙佛接引，蓮花化生。故請你們八位，放下人間的萬緣牽掛，一心求生西方的佛國。南無阿彌陀佛。起靈！

火化儀式

四大本空隨業起，
心淨業消罪亦空，
三賢十聖諸菩薩，
超塵出凡無住處。

法鼓山僧釋聖嚴，現在特為你們八位參加臺北市佛化聯合奠祭的男女居土，火化說法。佛說：「世間無常，國土危脆。」只要生而為人，就不能不受生老病死等的諸苦，也不能避免天變人禍的災難，唯有修福修慧，成就不壞的功德；唯有一心念佛，求生極樂國土；放下四大假合的色身，便能往生蓮邦，花開見佛，得悟無生。南無阿彌陀佛。火化，燒！

（原收錄於《一九九四法鼓山禮儀環保年禮儀環保實錄》）

附錄 訪聖嚴法師談佛化奠祭的精神與內涵

問：請問聖嚴法師，您為什麼要推動佛化的聯合奠祭？

答：以佛教的立場來看，死亡與葬儀二者都很重要，但是對一般尚未進入信仰階段的人而言，喪儀往往比死亡更重要。因為儀式本身是一種氣氛的感受，一種實景、實物、實情的襯托，使得參與者有很大的利益。不過目前社會上的喪葬儀式普遍都有鋪張浪費、喧鬧的現象，一般人都不知其所以然地盲從，好像不如此就會對不起先人——這正是我們所要指出的問題。

其實，要想改善現行喪禮中種種不良的風氣，首先應建立正確的死亡觀，唯有如此，才有可能接受簡單隆重的佛化喪儀，而不會覺得簡單樸素的儀式會對不起先人，同時也不違背中國傳統孝道精神。

死亡的觀念因文化背景、宗教信仰的不同而會有很大的差異，也會隨著時代環境、教育水準的不同，或是社會風氣、價值判斷觀念的不同而有差異。法鼓山所提出的死亡觀與佛化奠祭儀式，目的是為了帶動社會風氣的改變，並非要廢除破壞中國傳統倫理道德的價值觀。更何況現在所流行的喪葬儀式，可能只是過去的地方習俗，或流行於某一時代的習俗，和整體民族文化、倫理觀念、孝道精神，沒有一定的連帶關係。我們是希望藉著推動佛化的奠祭，有助心靈環保，改善社會風氣，建立正確的死亡觀，也循此對生命價值的判斷和對生命的認識，做一疏導、解釋和說明，相信對社會有很大的助益。

問：您提到改善不良喪儀風氣的根本，是建立正確的死亡觀，請問一般人對死亡應該有什麼認知？

答：自有人類以來，死亡就存在著，凡有生命皆會消失，此即佛教所說的生老病死。因為「成、住、壞、空」是宇宙萬事萬物的真相，雖然大家不喜歡死亡，但是死亡與出生是連帶的，有出生就一定有死亡，人們因為不知道死後何去何從，因而恐懼、害怕，貪生而怕死，但是事實上沒有一個人可以不死！

死亡既然是不可改變的事實，就只有面對。不只是年老的人才會面對死亡的問題，尚未年老的時候也有可能死亡，不論是自然死亡，或是意外死亡，隨時都有可能發生在我們自己身上，或周遭親朋好友的身上。所以，平時就應該要有充分的心理準備，隨時準備面臨死亡的發生，一味地害怕死亡是愚癡的，忌諱、逃避都不過是掩耳盜鈴。

西方社會討論死亡的問題已有幾十年了，他們從宗教學、哲學、社會學，甚至是生理學、心理學的角度，綜合性地來探討，這是對人類關懷的一門大學問，今日的臺灣也漸漸有人重視死亡的問題，開始這方面的研討。

討論到死亡就會觸及精神、心靈的層面，進一步探討人死後到底有沒有靈魂的問題。除了唯物論者，一般人都會承認死亡並不等於終極，不等於消失，而是生命另一階段的開始。因此，任何一種宗教，都不會主張死後就什麼都沒有，都承認有靈魂、精神的層面，在名稱上稱靈也好、稱鬼也好、稱神也好，意思都是相同的。

問：佛教對死亡是不是有什麼特殊的看法？

答：佛教稱剛剛死亡的靈體為中陰身。轉生時，小乘稱第六識，大乘則稱為八識，所謂中陰身是指，從死亡到轉生的階段過程。一個人死後，最多七七四十九天之內會轉生，四十九天之內還未轉生者，皆稱為中陰身。轉生之後，則進入鬼道、神道、地獄道或人道。轉生本身即是另一生命的開始，轉生的種類也可分為投胎轉生——轉生為人或高等動物，或是自然變化而成的化生，或在水裡形成生命的濕生，或像鳥、雞、鴨的卵生。只要進入另一階段的生命，就已經不是中陰身了。總之，中陰身是指正在等待因緣成熟而轉生的階段。佛教認為在中陰身階段，若有人為之超度、說法、誦經、念佛，修各種福報布施，可以幫助中陰身性向的改變，及投生去路層次的提昇。例如，有人生時造業較多應該下墮，若有人為之超度，靠佛的力量及法——也就是觀念的力量，可使中陰身聞法後而心開意解，即可免於下墮而上生。

在中陰身階段的七七四十九天之中，亡者家屬應以上述種種有益人功德的方式來幫助亡者，特別是恭敬供養三寶的功德最大，因為三寶的存在，對人是一大幫助，可使中陰身得以超度的機率加大。因此，我們強調助念、超度可以使亡者的未來與前途，更遠大光明，其中又以超生佛國淨土是最好的前途。

問：不同的死亡觀，的確是會發展出意義不同的喪葬儀式。您對目前社會上流行的喪葬儀式有什麼看法？同時也請您比較一下佛化喪儀和一般喪儀在形式上有什麼不同？

答：佛化喪儀本身，可避免浪費、鋪張，因為我們認為不管是飲食、祭祀、排場的花費，僅僅是家屬做為炫耀自己之用，想藉死人表現地位和實力，所使用的花籃、供品、樂隊、儀隊、花車，對亡者也只有慰靈的作用，沒有實質的幫助。還有些人送祭品時，將自己的名字、公司行號寫得特別醒目，廣告的用意遠大於慰靈，失去對亡者的敬意和懷念。目前也流行燒紙錢，燒用紙紮成的房子、交通工具、家電，舉凡活人用的東西都用紙紮成後燒掉，一燒好幾萬，實在可惜！一則浪費自然資源，一則汙染環境又浪費財力，這些財力若能用在社會其他方面，不是很好嗎？更有些商業行為、商業花招，使得亡者家屬不得不花錢，有的家庭不是那麼有錢，只是為了面子，為了隨俗，而花這筆錢。其實鋪張對社會並沒有用處，亡者也沒有利益，那又為什麼一定要如此呢？

目前臺灣本身的喪葬風俗已與大陸不同，也與臺灣幾十年前不同。有的是改良，有的是改變。例如三、四十年前，喪家一定要披麻帶孝，現在已有少部分的家屬不披麻帶孝，而改以著黑衣、別麻布來取代；過去也有些人一定要拿著哭喪棒——讓人匍匐而行的棒子，現在很少人用了，這都可以說是一種改良。

另外一種是改變。例如曾有一位老父親過世，他的兒女擔心母親傷心，就用父親生前吃冰棒的照片為遺照，照片中冰棒含在嘴裡，一邊吃一邊還笑嘻嘻。這很有趣味也非常大膽，但是喪儀時是否適合用此照片，卻值得商議，因為已經失之輕鬆而不莊重。又例如十多年前突然間出現脫衣女郎在鄉下喪葬儀隊中，它的目的是在娛樂家屬。死亡雖然不是喪事，但也不是喜事，在這種情形下，已經喪失了對亡者過世的懷念與崇敬之意，而只是一種娛樂的場面。還有因為家屬忙，也哭不出聲來，請職業的哭喪隊哭給別人看，這在中國傳統的社會只是聽說過，但並不普遍，可是在今日的臺灣卻可見到。如此改變下的喪禮，不但失去對亡者應有的莊嚴，也失去人性中的美德。

問：法鼓山推動的佛化喪儀既然是不違背中國傳統的孝道倫理，是否也有正面宣揚倫理孝道的用意？

答：我們是主張回到中國傳統的孝道倫理的。孝，就是追思懷念，如何追思懷念？可以從兩方面來談：

第一，是繼承亡者的遺志。中國人有所謂「父喪三年不改其志」，志就是指前人所做的善事、好事，而繼承遺志，是對父母盡孝道的最好表現，所以子孫應該繼續紹隆。

其次，要讓世人持續不斷懷念亡者。大家都知道「積善之家必有餘慶」的道理，為亡者多積善、多種福，後代子孫就會為人所稱讚，說某某人的子孫很孝順，還為他做了這麼多好事。現在有很多人將先人的遺產捐出來成立基金會，做有益社會的事。很多西方人會將父母的遺產捐給教會，同樣地我們也鼓勵大家，將先人遺留的財物以及節省下來的喪葬費用，捐給佛教做為弘法利生的基金，就非常地有意義，可說是紀念亡者，造福生者，冥陽兩利，這才是真正的孝道！

問：以佛教精神進行喪葬儀式，對亡者和生者究竟有什麼好處？

答：我們說「慎終追遠」，就是對亡者的過世要非常慎重地處理，因此佛化喪儀是在簡樸之中要有莊嚴隆重，同時在儀式中讓參與者知道亡者生平的美德，使亡者覺得此生不虛度；而讚美亡者，等於勉勵後進，能激勵後人見賢思齊，對家屬也是最好的安慰。同時，以佛法開導亡者，可使亡者超生離苦，心開意解，得生佛國，也可使生者聞法修行。所以，以佛教的立場來看，死亡不是喜事，也不是喪事，而是莊嚴的佛事。是亡者走上成佛之道的起點或過程；而對參與佛化喪儀的人，則是修學佛法的機會。因此佛化喪儀，對生者、對亡者，都是修學佛法、弘法利生的大功德。我們計畫與鼓勵聯合喪儀的內政部、臺北市政府殯葬處合作，於八月份舉行佛化奠祭。我們會用佛教的方式來布置靈堂，氣氛莊嚴、柔和、溫馨，使亡者感覺到好像去西方極樂世界，對生者言則是來送佛上西天。

（原收錄於《一九九四法鼓山禮儀環保年禮儀環保實錄》）

臨終關懷的三皈依文

去年我們辦了一次授權皈依的儀式，讓在家居士們在臨終關懷助念的時候，為臨命終的人方便說皈依。但是進行的過程當中，有其他的佛教團體批評我們、指責我們，說農禪寺的聖嚴師父不懂佛法，竟然讓在家居士說三皈依。所以，今天我要藉這個機會向諸位說明。以後如果再聽到這種批評和指責，請告訴他們：「聖嚴師父並沒有授權在家居士收皈依弟子，也沒有授權在家居士，見到人就為人說皈依，只是為了臨終關懷及時的需要，才授權居士們為臨命終的人說三皈依文。」

其實念三皈依文，並不意謂自己就為別人受了三皈依，否則我們每天早晚課誦，是不是也等於是為眾生說皈依呢？我們說：「自皈依佛，當願眾生，體解大道，發無上心。自皈依法，當願眾生，深入經藏，智慧如海。自皈依僧，當願眾生，統理大眾，一切無礙。」這是說自己皈依佛時，當願一切眾生，也得到佛法；皈依法寶時，當願一切眾生也都能得到法寶；皈依僧寶之後，希望一切眾生，都能以三寶統理大眾，也能代表佛教，弘揚佛法，願一切眾生皆能如此，而不僅僅只是我一個人如此。

所以，三皈依詞，在家出家都可以念，並沒有限制只有出家人才可以說。基於此，我們為欲臨命終的人念三皈依詞，非但沒有過錯，反而是功德無量！只是容易讓人產生「在家居士取代三寶」的錯覺。所以，為了防止譏嫌、流弊的產生，人家批評我們，我覺得也能接受，並能諒解。但是對於外面的誤會，我們要加以解釋。

現在我要告訴各位，師父沒有授權諸位自己去給人說三皈依，而只是要諸位在臨終關懷時，為臨命終的人念三皈依詞。

我們都知道，人在臨命終時，是最徬徨的。如果他尚未信仰三寶，也沒有信仰其他宗教，在臨命終時，不知道一口氣不來之後，會到哪兒去？不知道何去何從？所以對於人世間的事，牽牽掛掛、放不下、捨不得、離不開；對於未來，茫茫然、恐懼、憂愁、害怕，在這樣的情況下，斷了氣，死亡了，請問他會到哪兒去？會生天嗎？會到西方去嗎？不會的！因為貪戀、恐懼、害怕，這三種心，會讓他們連人間都不能來，再生到人間的機會都很少！因此，為臨命終的人，不論其神智清楚與否，為他念三皈依詞，開示佛法，是太重要，太有用了！縱然他不能因為聽了三皈依詞，而往生西方極樂世界，至少他會想：「自己已經成為三寶弟子，一定會有佛菩薩來救我、濟我、接引我，應該放下這個地方，求生西方去了。」如果這個念頭一生起，他就至少能往生西方下品下生的蓮花。這對於我們來講，是一件大功德；對於亡者來講，的確是一個大救濟，比什麼幫助都有用。

諸位很有善根福報，參加農禪寺的助念團，也可以說，臺灣很多的人都有福報，因為有諸位菩薩發心為往生者助念，若無出家法師帶領助念的場合，則由居士代表師父念三皈依文，這實在是太好了！

下面是一些規定：

1. 亡者家屬主動要求我們說三皈依時，居士才為之念三皈依文，避免讓人誤會我們派在家居士到處為人說三皈依。

2. 說皈依時，一定要講我某某某優婆塞（或優婆夷），不夠資格為人說三皈依，而是代表農禪寺師父，來為你送行，念三皈依文，並希望你於星期六晚上回來農禪寺參加念佛共修，由出家法師正式為你授三皈依。

3. 現在請你跟著我念，也請家屬代替禮拜。家屬請長跪。

我某某某，自皈依佛，當願眾生，體解大道，發無上心。（念三遍，每念一遍，就地一拜）

我某某某，自皈依法，當願眾生，深入經藏，智慧如海。（念三遍，每念一遍，就地一拜）

我某某某，自皈依僧，當願眾生，統理大眾，一切無礙。（念三遍，每念一遍，就地一拜）

我某某某，皈依佛，不墮地獄；皈依法，不墮餓鬼；皈依僧，不墮畜生。

（念三遍，每念一遍，就地一拜）

4. 發願迴向。

南無阿彌陀佛，願生西方極樂世界，蓮花化生。（念三遍，每念一遍，就地一拜）

法名：「法某」

5. 請家屬代表往生者，禮佛三拜，禮謝聖嚴師父，向上三拜。

6. 念皈依文、皈依詞時，要捧著師父法照，師父法照是向亡者及其家屬禮拜時，才將法照放在三聖像的左邊（大勢至菩薩的旁邊）。

7. 所有的亡者，都給一個法名，以亡者的姓名最後一個字，上面加一個「法」字，例如亡者：劉秋芬，就給她一個法名「法芬」，但是也有人名字並不很雅，例如有人叫阿狗，不宜給他取「法狗」，碰到這種情形，就給他另外取一個法名。

8. 若助念的場地空間很小，人又多，可以方便以三問訊代替三禮拜。

（一九九四年八月二十五日於北投農禪寺為助念團開示，刊於《法鼓》雜誌五十八期）

助念功德怎樣做？

助念團成立以來已有三年多，但像今天這樣大型的聚會尚是第一次。

助念是件莊嚴的佛事，經過助念往生，而且用很莊嚴、肅穆的儀式舉行葬禮的往生者，通常都會有很多不可思議的感應和瑞相。去年度（一九九四）法鼓山在臺北市立第二殯儀館舉辦了兩次佛化聯合奠祭，每具遺體都燒出舍利花來，就是很好的例子，往生者的家屬都很受感動。

事實上，助念的人和被助念的人彼此間有很大的關係。以信心來參與助念，被助念的亡者一定會有利益，因為阿彌陀佛的本誓願力是平等的，任何人要想往生西方，都會受到接引。即使亡者在生前沒有精進修學佛法，沒有修持淨土的念佛法門，只要他的善根深厚，在臨終時，或者往生後，就會有人來替他助念，這就是他們宿世的福德因緣所感。

有些人相當迷信，認為喪家不能去，或以為在某些特定的日子不可到喪家去，這都不是正信。我們身為一名三寶弟子的佛教徒，替往生者助念，就是送一尊未來佛、現在的菩薩，到西方極樂世界去，到蓮池海會之中見阿彌陀佛及諸佛菩薩。應當心存敬仰、尊重，不要把亡者當成鬼看，也就不會怕到喪家去了。

據我了解，有些人的迷信觀念根深柢固，牢不可破，其實這是非常可惜的。所以我們一定要不停地強調正確的助念觀念，來幫助那些有這種迷信的人。

其實若無佛法的幫助，亡者是很可憐的，因為貪生怕死，又非死不可，所以死時都非常痛苦，再加上對死後到哪裡去又一無所知，更添心中的惶恐與無奈。因此我們必須替臨終者念佛，向他開示佛法後，讓他知道有個西方極樂世界可以去，而且有阿彌陀佛的本誓願力來接引他去。

此外，亡者雖然身體已經死亡，神識還未離開，而且會非常執著他的身體，因此在他過世後，不要馬上動他的遺體，否則他會覺得非常不舒服，起瞋恨心。

為亡者念佛的功德，在於亡者本身的福德因緣，加上助念者的信心、誠心，以及修行的工夫；我們參加助念的次數愈多，發生瑞相的比例一定愈高，因為你每助念一次，就送了一位菩薩到西方，本身的工夫自然就聚集起來，信心也會愈來愈堅固，助念的時候也會更加虔誠、懇切。臺中的唐家珪居士夫婦對助念工作非常投入，是非常了不起的菩薩。他們為什麼有那麼高的熱誠呢？主要就是因為經常出席助念，從這當中逐漸提高了自己的信心和願心。

諸位在助念時一邊念佛，一邊要觀想阿彌陀佛來了，大勢至菩薩、觀世音菩薩也來了，蓮池海會就在面前，雖然你自己沒有看到，但要相信佛菩薩來了；有了如此堅定的信心，瑞相的產生，也就不足為奇了。

法鼓山是以關懷及教育來服務社會，以關懷來達成教育的目的，以教育來達成關懷的目的。而一般人家裡有了病人和喪事，是最需要關懷的時候，所以法鼓山體系內最能落實關懷工作的，首推助念團。在此我要特別感謝、慰勉全體助念團的菩薩們。

我們的助念團不但運作靈活，而且有求必應，在臺灣的佛教團體中，相當受到讚歎，也一直是別人學習、模仿的對象。但我們不要因此感到驕傲自滿，應該覺得安慰，並且更加努力。

目前我們助念團關懷的對象，只有法鼓山體系之中的會員，以及我們的信徒和關係人；如果我們能有更多的人，加入助念團的行列，將來任何人、任何地方，只要需要助念，又能接受佛化喪儀的條件，我們就去。能達到這樣程度的話，我們法鼓山關懷的工作就會更普遍。

然而助念團團員的人數在過去的這一年內，成長並不是很多，只有出勤率的提高；顯然助念團的成員和法鼓山的會員，並沒有等比增加；也是因為師父對助念團沒有做好關懷指示，希望聽過今天的開示後，明年此時，我們助念團的團員能增加一倍甚至二倍。

「助念團」是用念佛來互助，你家有事我幫助你，我家有事你幫助我，他家有事你我都幫助他。一般人家中有了喪事，都會非常地不安，手足無措，我們前去關懷，能轉喪事為佛事。只要講幾句話，念幾炷香的佛，他們就覺得非常溫暖、溫馨、安全，讓他們的心安定下來，同時協助他們有次序、很莊嚴地為亡者辦後事。

通常他們在深受其益後，不知道如何報答法鼓山，可能會塞一個紅包給我們的團員，若團員說：「我們不收錢，要捐就捐給法鼓山！」結果對方將紅包一送，就以為人情債已還了，他們已經沒有事了，從此以後與法鼓山不再往來；因為他們心裡想的是：你們這些人就是在為法鼓山募錢，我已經出了錢了！他們送錢無異於把我們當成誦經團，或者陪屍團。所以我要特別強調：「絕對不准要錢，而是要他們的『人』！」因為收了他們的錢，就等於斷了他們的善根！

「要人」如何要呢？就是助念後，他們會覺得已過世的親人有得到利益，遺屬也獲得幫助，更會受到感動，在這個情形下，可以告訴他：「我們非常感謝有這個機會來做這樣大、這樣好的佛事，這也是一種修行，你們以後是不是也願意共同來做這樣的好事、佛事呢？」也就是在他們心存感激之時，請他們來參與助念，成就他們也成為助念團的團員，成就他們自己也來修行，成就他們也來參與菩薩道的修行。

而且不妨告訴對方，助念是互助的意思，他們因為親屬往生而有人來助念，因助念而結了這樣的緣，來參加助念團，對亡者是最好的報答、最好的報恩，對往生者更是件功德無量的事。

但是這些話絕對不能在第一次去時就講，要到最後一次，當他們有了非常感激的心，不知該如何感謝的時候才說，這才是接引人、度人最好的時機。

助念有四種意義：

第一是人與人、家庭與家庭間的互助。就如同平常有人為了娶媳婦，可是家裡錢不夠，於是就請好多親戚朋友搭一個互助會，互相幫助。

第二是幫助亡者往生西方極樂世界，我們幫助他念佛，讓他的神識知道念佛，發願往生西方。

第三是幫助亡者家屬安定身心，不致覺得那麼悲傷、無奈、恐懼。亦即助念不但是對亡者的超度，也是對活人的安慰。

第四是助自己往生西方極樂世界，蓮品高升，而且等於是買了保險。也就是藉助念的機會，讓我們自己念佛，多助念一次，就多一次念佛的機會。《地藏菩薩本願經》有說：「一切聖事，七分之中而乃獲一，六分功德，生者自利，以是之故，未來現在善男女等，聞健自修，分分己獲。」這也就是說，我們為亡者超度、修功德，所得的利益七分之中有六分是我們自己的，所以我們助念愈多，功德就愈大。

而當我們活著的時候不念佛，等到死的時候，才請人來幫助念佛，蓮品是不會上品上生的。所以我們平常如果很少用功念佛，就可以利用助念的機會念佛，萬一我們自己往生的時候，沒有人來助念，一樣也能到西方極樂世界去。

另一方面經由我們的助念，把那麼多的人送到西方極樂世界去，一旦我們往生，他們一定也會來幫我們的忙。這就如同我們出國以前，事前派了先遣人員，在我們一到當地，他們自然會來接待。

此外，亡者家屬往往會要求我們多派一些人去，讓他們在公祭、告別式的時候，排場好看些，面子大一點。他們總認為，反正法鼓山的人多得很，可以多派一些人，或是認為他是我們的大護法，捐了很多錢，幫了很多忙，所以家屬會請求我們一定要配合。

針對這一點，是絕對不可以答應的。法鼓山正在提倡禮儀環保、聯合奠祭，提倡節約、不浪費，要家屬們少花錢，要親朋好友們少浪費，要社會資源少動用。如果我們配合家屬的要求出動那麼多人，幫他們做排場，那豈不是違背了我們的精神？

如果只是為亡者助念，公祭時禮貌上要出席。但我們必須要確定對方用的是佛教的儀式，佛教的方式。如果是採用道教、天主教或基督教的儀式，我們就不參加，因為公祭是他們家屬共同的意願，往往一個家庭裡面只有一、二個人學佛，其他家屬都不學佛，所以我們頂多送一幅輓聯慰問；除非家屬之中有人與我們關係密切，則可禮貌性地派代表去參加典禮。

若有家屬問到：「亡者的衣服如何處理？」現在的社會，舊衣服送人，可能人家都不要，更何況是亡者的衣服。不過，如果是活著時穿的衣服，非常貴重，可以把它清洗乾淨，做為義賣之用。

至於以焚燒的方式處理亡者舊衣及輓聯，也是不好的，因為會汙染空氣，又形成資源浪費。不妨把它洗乾淨後，做抹布、拖把等用途。像東初老人過世後，收到很多輓聯，我們就是這樣處理的，廚房、擦地板、拖把、墊東西都用，將近三年才用完。

為了落實關懷，淨化人心，淨化社會，我要勉勵法鼓山的全體菩薩，都能讀到這篇開示，也勸勉大家，在可能的情況下，多多參加，來做助念團的助念功德。

（一九九五年二月十二日講於北投農禪寺助念團聯誼會，原收錄於《一九八九—二〇〇一法鼓山年鑑》）

再談助念功德

「助念」是我們法鼓山所做關懷工作之中最重要的一項，主要是為了關懷臨命終時的人以及剛往生的人，希望藉由我們至誠的念佛，使臨終的人保持正念，且生起正信、正知、正見，發願往生西方極樂世界，到阿彌陀佛的蓮池海會。假如沒有我們的助念，他們可能不知道有西方極樂世界這麼一個佛國淨土，也可能會捨不得離開此一娑婆世界的親朋好友和事業財產。

往生者：心開意解 蒙佛慈悲接引

許多人在活著的時候渾噩不覺，到了病時才感到痛苦莫名，瀕臨死亡之際更是恐懼難安，這都是因為不知道自己將歸向何處？所以，此時若有助念的蓮友到場，不管人數多寡，一方面為他助念，另一方面適時為他說三皈依，使他立時成為三寶弟子，發願求生西方極樂世界，他的心便不致慌亂、恐懼，反而生起安慰和希望之念，因為他很清楚自己將往生何處去。這便是臨終關懷最主要的目的。

當我們為亡者助念，是否一定會使他往生西方極樂世界呢？並不盡然，我們只是仗佛願力，求佛菩薩慈悲接引。有一些人，在生時不知何謂念佛，也不知道什麼是佛法，更不知往生西方有多好，可是由於我們的助念，讓他在聽到佛號後，會不期然地產生感應；如果是神智清楚者，必然願意求生西方。

神識不清者，經由我們助念的助緣，即使無法往生西方也一定得生天國，而此天國多半為忉利天或彌勒淨土之兜率內院，不過到兜率內院並非人人都有此因緣，必須生前已有佛法信仰的基礎，方可至此修行；若仍轉生為人也必定投生在尊貴的人家，更不至於下墮三途。由此可知念佛迴向的功德，對亡者是非常有用的。

這在《地藏菩薩本願經》也提到，若亡者的後人為其做一切佛事，布施、設齋、供養，誦地藏菩薩聖號或誦《地藏經》，存亡二者均能獲大利益。在《無量壽經》中也提到：「若有眾生住大乘者，向無量壽，乃至十念，願生其國，聞甚深法，即生信解，乃至獲得一念淨心，發一念心，念於彼佛，此人臨命終時，如在夢中，見阿彌陀佛，定生彼國，得不退轉，無上菩提。」

亡者家屬：溫馨關懷　種下菩提善根

助念對亡者家屬來說也是非常有用的，家屬之中可能全是佛教徒，亦可能僅有一人是我們的會員，而其他人並未皈依三寶、親近佛法，只不過並不排斥佛教，能接受我們前去助念，助其心靈得到安定。

一般家庭，在突然遭逢親友往生的重大變故時，難免六神無主，手足失措，此時助念團蓮友的到來，一者可為亡者助念，同時帶動其家屬一起念佛，幫助他們把心安定下來；二者亦能從佛法的立場，建議其家屬如何料理後事。

這些關懷和幫助，對亡者家屬非常重要，不但讓他們感受到人情的溫馨，也讓他們體會到學佛的好處，以及法鼓山對人間關懷之懇切。並藉此助念的因緣讓亡者家屬認識農禪寺，在感動之餘親近三寶，一俟機緣成熟，自然會成為正信的三寶弟子。

助念除了對亡者、家屬有利益，對助念者本身也是一件大功德。《地藏經》說到：「若有男子女人，在生不修善因，多造眾罪，命終之後，眷屬大小，為造福利一切聖事，七分之中而乃獲一，六分功德，生者自利，以是之故，未來現在善男女等，聞健自修，分分己獲。」也就是說為他人助念，所得功德他人只能得七分之一，助念者本身得七分之六，所以助念其實是為自己而念。

而且我們每出勤一次，就多一次念佛的機會，也因此增加一些蓮友。所謂蓮友，並非狹義地單指平日在蓮社念佛共修的人才是蓮友，應以更深遠的眼光看待，凡是西方世界蓮邦中的善知識都是我們的蓮友。

助念者：藉機念佛　廣結度人善緣

當然，這位已往生的蓮友，會到西方極樂淨土，他的親屬們也很可能因此而成為三寶弟子，成了我們的蓮友，並且又進一步影響其他的親友，也成為蓮友。如此推演下去，每出勤助念一次，便可度化相當多的人，助念者因此而廣結善緣。

所以助念次數愈多，念佛機會也愈多，結的善緣也就愈廣；不僅是為自己蓄積念佛的功德，還涵蓋了度人、結緣的功德，這份功德之大，實是難以言喻。在現世也能立即得到眾多利益，如家庭和睦、兒孫聰明孝順、事業順利、身體健康、夫妻和諧，除了拜助念功德所賜，也可說是一種感應；而且多念佛，人品也會隨之成長。

助念既然有這麼大的功德，大家都應該爭取出勤助念的機會，助念團也應該增加排班的次數，在亡者往生後的數小時內，甚至二十四小時內輪班助念，為組員製造助念的機會。

至於出勤助念，除了要重視佛弟子應具有的威儀外，對於自己的家人、朋友以及任何的人物，都不可忽略所應具備的禮儀。因為我們是念佛的人，將來都是要到蓮邦去的；更何況各位身為法鼓山的一分子，千萬不要妄自菲薄，認為自己微不足道，根本起不了什麼作用。大家要體認到，助念是法鼓山最重要的關懷工作，所以每個人都是代表著法鼓山關懷人間的悲願精神。

今年是法鼓山的「四安」年，四安是「安心、安身、安家、安業」，希望大家都能身體力行地加以實踐，在個人安頓身心之餘，還要把家安頓好，否則將遭人非議。助念關懷固然重要，但關懷家人更為重要，千萬不要因為參與助念，而疏於家務、冷落家人，造成家人的不滿，破壞了家庭的和諧。最好是把家人、家事安頓好之後，夫妻同時參與助念，或輪流出勤。

三寶弟子：莊嚴佛事　無上功德福田

有一些人，礙於民間習俗或心理作祟，而有許多忌諱，例如：認為在某些時辰內，不宜到喪家，否則會將喪家的霉氣帶回家，使家宅不安；也有人助念了一次，回去後正巧害病，就歸咎於是見到遺體被沖煞到，這些觀念在一般民間相當普遍。

但是學佛的人，應該了解：「死亡不是一件喜事，也不是喪事，而是一件莊嚴的佛事。」因為助念是恭送亡者至西方極樂世界去。未學佛的人，相信人死後可能是陰曹地府之陰魂、自由行動的陰神；經過助念而學佛的人，是不會墮入陰間，所去之處的層次比陽間更高，稱為陽上上，豈可視之為倒楣呢？

就喪家而言，親友過世的確是一件不幸的事，家中往往陰氣沉沉，失魂落魄，毫無生氣可言。可是在以佛法為亡者助念、誦經迴向後，由於佛法的功德力，一切都會改觀，可能遺體會出現種種瑞相：臉色轉紅、嘴唇變得紅潤，家庭的氣氛也由陰霾轉為祥和，所以說是「莊嚴的佛事」，這就是助念的功能。

（一九九五年七月二十六日助念團幹部聯誼會開示，王美珠居士整理，刊於《法鼓》雜誌六十九期）

愈念信心愈堅強

今天的聯誼會十分成功。念佛會兩位菩薩的心得分享，溫馨感人。助念組兩位菩薩的心得報告也是肺腑之言，可見念佛及助念不僅是度人也是度己，而受益最大的還是自己。

是福報也是布施

很多人認為參加念佛共修，浪費時間在乘車、趕路上，不如在家裡自己念。共修念佛的力量是大眾的，心力感應是集中的。譬如五十人一齊念佛，得到的是五十人的力量，並不是你一人參加，只得到自己一人的力量。西方極樂世界中如果只有一尊佛，蓮池海會中沒有眾生，我們去了是否很寂寞！如何能修行呢？這就好似鄉下的工人，在運送木頭或竹子時，會將木頭綑綁成木排，順著河流而下，木排不會散掉，也不會擱淺，如果只是一根木頭，就很容易流失掉。參加團體共修的道理也是如此。

念佛一定要有共修的時間，也要有自修的時間。共修得到同修大眾的力量；自修早晚有恆課，培養精進心。共修念佛可以接引更多的人來念佛，成立聯誼會，分成小組，彼此互相關懷、照顧、鼓勵，所以參加念佛共修是福報也是布施，福報是自己的，布施的功德是度眾生。

農禪寺念佛會成立當初人數很少，我鼓勵大家帶人來念佛，希望他們發願在三年之中，每人要接引一百個人來念佛。一年後已經帶了三十多位來念佛的菩薩有很多，八十多位的也不少，超過一百位的只有一位，他是江元燦菩薩，今天我也鼓勵大家發願，勸人念佛。

愈念信心愈堅強

助念在一開始時，是件困難的事，人都怕死人，就算是殺人不眨眼的人，殺了人之後也會害怕被殺的人變成冤魂、厲鬼來報復。所以怕死人是一種情結，要靠念佛使自己的心安定下來。當我們在念佛菩薩的名號時；身上就有佛菩薩的明光照耀，念佛念久的人四周都會有光芒。

人死後要為他們助念佛號，親屬不要哀傷哭泣，念佛就有佛光普照在亡者及家人四周，所以亡者一定不會去下墮，而念佛的人是帶著佛光去的，絕對不會倒楣，所以怕死人的這種心結是自己膽怯、心虛的表現，一定要克服它。

法鼓山臺中前任護法會召集委員唐家珪菩薩，曾經一天助念十二次，他積極地參與此項工作，愈念信心愈堅強，看到了亡者因助念而呈現出的瑞相及亡者家屬的平和安詳；同時對佛法產生觀念上的轉變，這是莫大的度化功德。常常家親眷屬活著時，不接受佛教的觀念，等到家中有人於臨命終時得到了佛法的利益：便會舉家接受佛教。所以助念組的陣容，一定要加強，但參加助念，一定要先取得家人同意，以免造成誤會困擾，如果有家人反對，也要念佛迴向給他。所以念佛不僅對亡者有用，對生者有用，對自己最有用，希望大家常常念佛。

（一九九七年一月美國紐約東初禪寺念佛會聯誼中開示，刊於《法鼓》雜誌九十四期）

念佛共修即助念

今天在念佛共修中，有許多往生蓮友的家屬參加，並以念佛的功德迴向給往生者，這是農禪寺的特色。農禪寺的法師一向不到往生者家裡去做七，但是每個星期六的念佛共修，便等於替諸位往生蓮友做一樣。

親屬共修念佛功德更大

一般民間習俗的「做七」，是請出家人或職業誦經團到家裡誦經，但是亡者家屬自己卻不參與。農禪寺則提倡由家屬自己來共修念佛，並請其他念佛會的全體會員幫忙助念。

根據佛經，往生者要得到超度，最好的辦法是由往生者的親人為他念佛、誦經，或者布施供養三寶，功德是更大。請外面的人念經，功德當然有用，但用處並不是最大。亡者親屬誦經，一方面自己修行，另一方面能夠感應亡靈，使他聽聞佛號、佛法，而得到超度，可說是冥陽兩利。

為亡者超度的時間，最好在七七四十九天之內，但過了四十九天之後，不管是落在鬼道，還是已經超生到了天界，或是到了極樂世界，亡者也會因為眷屬做佛事、修行，而得到利益，如果是在鬼道中，則可以出離鬼道，在天上者福報增加或轉生佛國，在極樂世界者蓮品高升，花開見佛早證無生。所以，即使過了四十九天，或者未達四十九天，家屬也應該天天在家裡念佛、誦經。

另外，依中國人的習俗總認為替往生者超度時一定要寫牌位，而且要念亡者的名字，才能使特定的對象獲得利益。但是，根據佛法的超度原則，卻不一定要有牌位，也不一定要念亡者名字，只要亡者的親屬做佛事、念佛、布施時迴向，就能讓亡者獲得利益。迴向時要念迴向偈，未必要念亡者的名字，只要在一開始念佛時，清楚知道今天是為了先亡眷屬而念，這樣亡者就已經得到了功德。

自己修行，也幫助別人修行

《地藏菩薩本願經》說：「一切聖事，七分之中，而乃獲一，六分功德，生者自利。」也就是說，我們為先亡眷屬做超度功德，若有七分功德，其中的六分是自己得到，亡者只能得到一分。因此，為先亡眷屬做佛事，自己得到的利益是最多的，當然要鼓勵亡者的家屬親友自己修行了。

但是，在家裡念佛，只有一個人的力量或是一個家庭的力量，如果能到農禪寺來，參與每週的念佛共修，每次都有將近一千人參加，亡者得到的是將近一千人共同念佛的力量。因此，我們鼓勵在家裡誦經、念佛，更歡迎諸位菩薩來參加共修念佛。

對參加念佛共修的人來說，既是自己修行，也幫助別人修行，這便是助念。助念並不僅是為亡靈助念，只要參加念佛共修，這就是在助念，幫助往生者、也幫助與我們共同一起參加共修的菩薩，這功德是很大的。

亡者超生，生者安寧

曾經有人對我說：「農禪寺很吃虧，因為當有人過世，亡者親屬就到這裡來請求助念，但是助念完後，這些家屬就不會再到農禪寺來了！」乍看起來，農禪寺好像真的吃虧了，但是我說：「農禪寺並沒有吃虧，念佛會的菩薩也沒有吃虧；最吃虧的人，是那些為了家人往生，僅僅到農禪寺參加一次念佛會的人。」

因為他們念佛是為了安心，但內心未必相信念佛有用，所以，下次就不來了，真正損失的是他們，而農禪寺的菩薩們是有功德的，為什麼？因為我們幫助別人助念，自己就是在修行，本身就有功德，何況每次助念共修，都是在恭送那些未來的佛，到西方極樂世界去，這份功德更大了。

因此，來為往生家屬請求助念的人，或是來農禪寺參加念佛共修的人，應該不僅僅只來一趟，以後就不再來了；希望都能經常來念佛共修，更希望諸位能夠進一步加入助念團，為更多的家庭及更多的亡者奉獻。

另外，有些人請求助念，事後捐了些錢，心中便想：我請求助念時，也給了錢，沒有白請你們念佛，而且我自己也來了，這就夠了。其實，出錢是布施、護持三寶，給亡者做功德；自己參加念佛、助念，是在修行並且幫助亡者，這是兩回事，農禪寺也從來不會由於為任何亡者助念而索取酬金。

尤其不要將助念看成一個買賣的交易，這是絕對錯誤的。來到農禪寺請求助念，參加念佛共修，完全是為提倡助念，生者安寧；法鼓山農禪寺提倡的是，由親屬一起為亡者念佛迴向，這才真正是做冥陽兩利的佛事。

我鼓勵大家多參加助念的目的有三：一個是為參加念佛共修的蓮友們互相助念，一個是為往生的亡靈助念。法鼓山農禪寺在臨終關懷，以及往生的關懷工作方面，頗受到社會大眾肯定，希望更多人來加入和參與，使得佛法的修行推廣得更普遍，讓更多更多的生者和亡者得到利益。

（一九九七年年二月二十二日念佛會開示，刊於《法鼓》雜誌一〇四期）

臨終病患的佛法照顧

對於一個沒有宗教信仰的人，或者對於沒有過去、現在、未來三世信仰的人而言，死亡的確是一樁既悲哀又無奈的事。相反地，如果一個擁有堅固信仰的人，會對死後的世界充滿希望與光明，對死亡也比較不會那麼恐懼、那麼悲哀。

念佛是最方便的方法

懺悔的作用，是坦然地承認，是由於自己從無始以來及今生之中，所造的種種惡業，所以感得這一生不如意的果報。

當在懺悔時，是面對著自己所造的惡業以歡喜心來接受，不管是已降臨或尚未來到的果報，虔誠懇切地在佛前懺悔，祈求佛菩薩慈悲攝受，證明自己確確實實地已痛徹悔改，更發廣大菩提願，盡未來際效法佛菩薩不畏艱難，度一切眾生。如此則可「將功贖罪」，一方面懺悔，一方面發願，才能使果報減輕或令業界暫時不現。這才是真正求平安、求如意的好方法。

懺悔發心

進入安寧病房的病患，有很多是癌症末期的患者，他們意識雖仍很清楚，但是身體可能已經非常衰弱，甚至沒有辦法自主，因此對他們的關懷，可以從佛法勸人念佛的立場來著手。念佛是最方便，最容易讓臨終病患對未來存有希望的方法。即使是中國的禪宗，在面對臨命終時，也是勸人念佛，例如民初禪宗大師虛雲老和尚、我的師父東初老人，在他們往生的時候，也都是用念佛的方式。

修淨土法門的人，希望能往生西方極樂世界，願求蓮品高升，必須先修懺悔行，發菩提心，方能達到此一目的。拜〈大悲懺〉就是懺悔的方法之一。

我們可以在患者臨終時為他助念，並且告訴他佛經中所說的一些道理，讓他將心中的怨恨、情結、捨不得及種種的執著都放下，使他心開意解；更進一步還可告訴他稱念菩薩的聖號，依佛菩薩的慈悲願力，能夠往生極樂世界阿彌陀佛的淨土，讓他對死後的去向發起信心，不會那麼徬徨恐懼。

佛教的助念對亡者家屬來說也是非常有用的。一般家庭，在突然遭逢親友往生的重大變故時，難免六神無主，手足失措，此時助念蓮友的到來，一者可為亡者助念，同時帶動其家屬一起念佛，幫助他們把心安定下來；二者亦能從佛法的立場，建議家屬如何料理後事。這些關懷和幫助，對亡者家屬非常重要，不但讓他們感受到人情的溫暖，也讓他們體會到學佛的好處。

我曾經親自幫助一位從加護病房移出來，準備回家往生的癌症病患。我告訴他：「你將清清楚楚地走向另一個世界，從現在起，不要去注意身體的感受，雖然會感到痛、不舒服，但是不要覺得那是你的身體；面對你的親人時，清楚地知道你的親人在，但不要想到他們是你的親人，否則會使你牽掛難捨。」

「還有，身體愈來愈不能動，不要覺得有恐怖的事要發生了，把它當成是自然的現象，好像電影的淡入一樣，你將漸漸地淡入另一個世界。」

我要他在這個時候最好能夠念佛，如果不行，旁邊的人可以幫忙念，或是擺一台念佛機，音量放小，同時感覺著自己慢慢淡入，即將進入一個光明的境界。這個時候如果真的有光明的境界出現，千萬不要害怕，那是個非常好的現象，不要退縮，就進入那個光明境界。

我又告訴他：「不管有沒有光明境界，你的心都跟光明在一起；不管聽不聽到佛號，你的心都要跟佛號在一起。」傍晚的時候，這個人非常安詳地往生了，這是用念佛的方法幫助人往生的實例。

我曾問過一位印度禪學老師，他在遇到臨終病患或剛過世的人時，會建議他的親友們，在病人身邊打坐，以心念的力量，營造出祥和的氣氛，使得臨終病患感受到祥和安寧，在這樣的氣氛下往生，亡者通常不會感到恐怖、憂慮。但是，採用這種方式，必須具備相當禪修經驗的人才辦得到，甚至還需要一些禪定的基礎。在臺灣社會中，有相當程度打坐經驗的人並不多，所以若是要求照護臨終病患的人，採取這個方式，恐怕會有困難。

發願把自己的未來奉獻眾生

曾經有些西方人問我，在遇到自己或是親人往生時，該怎麼辦？由於西方人不習慣念佛，因此我多半教他們念《心經》，或是教他們了解佛法中「無常」、「無我」、「空」的觀念，理解生命的存在有種種生、老、病、死之苦，這在病苦與死苦的當下，特別容易感受到。

此外，如果臨終病患能夠接受「我們的身體就是一個無常」的觀念，那麼他的心一定也會比較安定，因為他能了解身體從生到死天天都在變化，每天都有不一樣的感受，不一樣的情況；身體既然是無常，那麼這個「我」也不是真實的，所謂的「我」只是念頭的連續而已，就像把一張一張照片分開來看，每一張都是獨立的，連接在一起，就變成是一部動作片的電影。

知道我們身體是「無常」、念頭是「無我」，那麼生命的結束，也就沒有什麼好怕的。若能不恐懼、不擔憂，當死亡——這件自然的事實出現時，就能夠內心平和地面對它、處理它。

很多人都會問：「人死後，還有什麼呢？」有！死後還會有另一個生命、另一個境界，但是我們不用因此而擔心死後的世界，不如發一個願，願意把自己的未來奉獻給一切眾生；發了這個願後，將會產生一股正面的力量，使我們的前途光明，來生會比現在更好。如果能夠發起這個願，必定也就可以安心地走了。

也有些病患臨終時身體非常疼痛，痛得連麻醉藥都沒有用。我認識一位大學教授的太太，她得了血癌，痛得非常厲害，不得已之下，她以拔牙齒的痛來取代身體上的痛，最後她把滿嘴的牙都拔光了。其實，臨終患者若能在疼痛的時候，不要認為那是你在痛，也不是真正的痛，這樣不但有助於減輕疼痛，而且在這一生最後的時刻，能有這種面對疼痛的經驗，來生將會有更大的耐力。

目前安寧病房可以採取的一些減輕病人疼痛的療護措施，也是很好的方法。只不過有些人以為臨終時身體疼痛可以消業障，所以寧願讓它痛，也不願接受止痛療護，這種觀念其實是錯誤的。因果業報之說，一定還要配合因緣；若從因緣的角度來看，有此好因緣，可以減少痛苦，那表示業報已經消了，就表示有福報，不必再受那麼大的痛苦。

建立正確的死亡觀念

我常勸人不要有等死的心態，但是要為隨時有可能會死而準備；也就是說：第一、不要怕死，第二、不要等死，第三、要準備死。什麼時候死亡會來，我們無法得知，但是要有下一念就有可能會死的準備；如果建立這樣的死亡觀念，不但不會怕死，也不是在等死，反而會激發旺盛的生命力，活得更充實些。

所以即使到了安寧病房的病人，也不是就在那兒坐困愁城等著死亡，要用修行的心態，只要活著還有一口氣在，就要與人結歡喜緣——與醫護人員結緣，與照顧自己的人結緣，與任何見到的人結緣，與有形、無形的一切眾生結緣，這樣即使是臨終，都不會減損其生命的意義與價值。

（刊於《法鼓》雜誌九十八期）

清淨形象與助念功德

法鼓山推動的三大教育中，大關懷教育是以對整個社會的關懷為著力點，包括急難救助、賑災慰訪等，其中做得最早也最好的是助念，這要特別感謝輔導法師與團長多年來用心帶領大家成長，對於法鼓山的理念、精神及整體形象掌握得很好。

維護清淨的形象

助念團時常代表法鼓山與社會大眾互動，對於法鼓山的理念、精神、形象、原則一定要把握得很清楚。特別是悅眾菩薩們絕對不允許有以下行為：

一、不得利用團體參與政治選舉。我們雖然關心政治，但是絕不幫任何政黨助選。

二、不得有商業利益的往來和糾葛。助念團因為幫忙助念，總是讓別人覺得很感動，例如我們有法師前去關懷後，常常會遇到家屬要送東西以示感謝，法師一定會說：「我代表我的師父，代表法鼓山，這是我應該盡的責任。你能夠讓我來服務，我已經很感恩了。這是我自己修行的一個法門，是讓我來種福田，為我們的團體做服務，你們不要感謝我，要感謝的是三寶、是法鼓山。」

如果遇到家屬真的很想為亡者表示心意，可以建議他們成立基金，或者捐款給公益團體，例如捐給法鼓山人文社會獎助學術基金會，不只是永久的紀念，更是造福整個社會。

為了保持助念團的純正、清淨，凡是與金錢有關係的，絕對要避免。不要介紹葬儀社，也不要經營葬儀社；若經營葬儀社，就不要擔任法鼓山的悅眾幹部，但可以是單純護持會員，這樣才不會讓別人說閒話。

三、不能有不正常的男女關係。團員彼此之間是來修學佛法的，不能破壞別人的家庭或是自己的家庭，凡是有這樣的問題發生，就請當事人離開這個團體，等到問題解決以後再回來。

以上三項原則，是為了保護法鼓山，希望這個團體永遠是清淨、精進的。

助念功德利人利己

另外，近五年來，助念團的儀軌與制度已經推廣到全國，甚至擴及海外，讓原本只是單純的助念，進一步擴展到臨終及生死的教育與關懷。

關懷，應該是從人的出生一直到死亡，助念關懷也不只限於往生者，而是關懷周遭所有的人，因為只要家中有人處在彌留狀態，家人往往會無所適從；一旦往生，心會更慌亂，在這一刻，助念團往往能發揮安定的功能，給他們安慰、關懷與指導，讓心安下來，這便是臨終的助念關懷。

助念有三個意義，第一是互助，亦即蓮友之間的互相幫忙，因為助念關懷的推動，能讓團體內部的人覺得在自己親友病危、往生時，一定會有來自法鼓山的助念關懷，這樣讓人信賴的感覺，都是源於諸位菩薩們的奉獻，沒有經濟利益上的牽扯。

第二是結緣助念，對方可能不是法鼓山的信眾，但是要求我們前往助念時，在人力許可下當然要去，藉此因緣和亡者家屬結佛緣。如果經過引導能讓他們主動參與助念團，當然最好，但不要期待助念一次，就要對方成為團員，只要適時提醒對方：假如覺得助念很好，就一起來參加助念，或者給他們一份說明書，了解助念的意義。

第三個意義在於對亡者的關懷。剛過世的人如果沒有信仰，平時也沒有念佛，可能對於人間的一切難捨難放。在經過我們助念後，亡靈曉得自己已死亡，透過開示也能找到方向，知道往哪裡去，而且去的地方比人間好，有阿彌陀佛、菩薩接引他，到了那邊就像回到老家一樣。這時對於人間原來種種的放不下、捨不得，就能放下、捨得了。

所以在助念一段時間後，很多遺體都會出現身體柔軟、面色紅潤、嘴唇變紅等瑞相，甚至會聞到香味或看到光，這就是送給亡者最後、最好的一份禮物。助念同時也讓自己結了一個最大的善緣，因為亡者到了西方後，會非常感恩我們，也會在西方等待接引我們。所以多念佛、多助念，受益最多的其實是自己；佛經也提到，為亡者所做的功德，七分之中有六分是自己的。

（二〇〇二年三月二十四日助念團悅眾聯席會開示）

佛化聯合奠祭守則

緣起

人生的有始有終，正如自然界的一切現象，有起必有滅，有生必有死。所以從出生到死亡，乃是人生的必經過程，也是宇宙的自然現象。雖然面臨生死交界時的親情友誼，都有深長的哀慟，但也是無可奈何的事實。

因此人生必須慎其始而善其終，養其生而尊其亡。既要有生存的尊嚴，也當有死亡的尊嚴；生逢其時地，死得其安慰，才能彰顯生命的價值和死亡的意義，才能彌補生離死別的遺憾。

以佛教的觀點來看生命的過程，出生時固然抱有無限的希望而來，死亡時同樣也抱著似錦的前景而去。所以，人生的結束，雖不是喜事，也不是喪事，乃是一件莊嚴的佛事。

任何一種習俗的形成，均有其時代背景的因素及社會環境的影響，中國文化注重倫理及孝道，實在是我國的民族遺產，但在喪葬的禮儀方面，有許多情節已和現代人的文明脫節，甚至有些國際的電視媒體，將臺灣的葬禮場面，當作奇風異俗的怪談，向他們的觀眾介紹。

而在我們國內的當事人，死者已無機會有所主張，亡者的家屬，多半唯有順從古老的習俗；少數人雖有心對於亡者的後事，做得更有尊嚴，卻又不知從何著手。故於絕對多數的喪葬儀典，除了盡可能在表面排場喧鬧，實際上並沒有給予亡者應有的尊嚴，也不能給予生者當得的安慰。故在儀典進行中感到茫然的憂戚，儀典完成後更加一分傷感與悲哀。

每逢所謂吉日，殯葬場所往往不敷使用，以致盡量縮短喪禮時間，草草了事，好多靈柩只得停於附近的街邊巷口，平添最後告別的遺憾，也為他人造成不便。若以佛教的觀點而言，日日都是好日，便沒有問題了。

法鼓山為了提倡禮儀環保，發揚中國固有的倫理精神，並以佛教的信仰和現代人的立場，推動慎終追遠和冥陽兩利的佛化聯合奠祭。在簡化、節約、惜福、培福的原則下，完成隆重、肅穆、整齊、祥和而又莊嚴的佛事。對亡者做懇切的追思及虔敬的祈福，對其家屬親友也能達到安慰及關懷的目的。讓人人感受到人生的終點，不是生命的結束，乃是無限的延伸以及圓滿的連續。

我們勸請佛教徒們，來響應佛化的聯合奠祭，也希望凡是願意接受佛化喪儀的社會大眾，都來接受我們的服務。這項儀典的靈堂，係用佛教的方式布置，富有莊嚴、柔和、溫馨的氣氛；參加儀典者，希望一律穿著黑色的長袖衣褲。對於亡者而言，靈堂即是前往西方佛國的起站；對生者而言，是共同來此，恭送未來的佛陀，前往西方的淨土。

冥陽兩利的莊嚴佛事

(一)什麼叫作佛事?

以佛教的立場,死亡不是喜事,也不是喪事,而是一項莊嚴佛事。而什麼是佛事呢?廣義地說,凡是信佛之事、求佛之事、成佛之事,都叫作佛事。佛說人人都有成佛的可能,只要能信仰佛所說的成佛方法並照著去做,必將可以成佛。所以佛事的範圍有狹有廣,所謂「佛法無邊」,就是成佛的方法很多,多得不勝枚舉。

佛事的主要對象是人,以福慧雙修為目標,其中看經、課誦、聞法、講經、念佛、拜佛、打坐是「修慧」;布施、忍辱、持戒、供養三寶、孝敬父母、敬事師長、普施貧病,稱為「修福」。必須福慧雙修,才是佛法所說做佛事的正途。

（二）為什麼要做佛事？

一般人誤將做佛事，看成專為死者而設的儀式。事實上，佛法的主要對象是活人而非死人，為亡靈超度，乃是一種補救的辦法，不是佛教的中心工作。

所以，做佛事宜在生前，喪葬固然要做佛事，結婚、生產、禳災、祛病、祝壽、謀職、開張、交易、建造、安居、行商等等，也都應該做佛事。佛法能致現生之福，能致後世之福；能致人天富貴的世間福果，尤其能致福智圓滿的究竟佛果。若想得到佛法的受用，必須自己來做佛事，與其等到死後由親友代做佛事，何不趁活著的時候，親自做些佛事呢？

佛法的超度對象，是以活人為中心，如果平時不修行，臨時抱佛腳，雖然也有功德，但不及平時有準備的落實可靠；如果自己不做佛事，死後由親友請人來代做，功效則又差多了。《地藏經》中說，為先亡眷屬做任何佛事，七分功德，生者可得六分，而亡者僅得其一，所以我們應該在生之時，自己多做佛事。

（三）如何做佛事？

學佛的工夫，主要是靠平時的修行。假如平時沒有修持佛法，臨命終時，尚有一個補救之道，就是根據「隨念往生」的道理，勸病危者一心念佛，萬緣放下，切勿怕死，不要貪戀家屬親友和產業財務，更不要心慌意亂，應該一心念佛，念「南無阿彌陀佛」，並且要勸大家幫助念佛，使得臨終之人的心念，融洽於虔敬懇切的念佛聲中。若能如此，死後當可往生佛國淨土，若是壽數未盡，也能以此念佛功德，使病者早日康復、福壽增長。

至於為亡者所做的佛事，則必須要體認佛事的意義，不可草草了事，要以虔誠、恭敬、肅穆、莊嚴的心情來做，家屬親友盡可能全體參加，能夠跟隨持誦最好，否則亦當隨眾參與、聆聽、禮拜。以亡者親友的虔誠、恭敬，感應諸佛菩薩的慈悲願力，及以佛法的道理，給予亡者救濟及開導。因為做佛事就是召請亡者臨壇聽法，化解煩惱的業力，以得超生離苦。如果親友眷屬對於佛事漠不關心，既不參與，也不禮敬，對亡者的功用，縱然是有，也極其輕微，所以，真正的佛事是要大家親自去做。

（四）冥陽兩利的佛事

亡者往生後，最好從過世的那一刻起，佛號不斷地為之「助念」，以中國人的習慣，能夠在七七四十九天之中每天做佛事當然最好，否則死後的頭七天或三天，乃至僅僅一天或者每逢七期那一天做佛事，都是好的，可視個人的狀況決定。

通常人在死後，若有重大的惡業，直接下墮三塗；若有眾多的善業，便可立即生天；若修淨業，即可往生淨土。否則，就在四十九天之內，等待因緣成熟，隨習、隨業轉生。在亡者未轉生之前為他超度，便能轉惡為善業使其心開意解，甚至可超生天界，乃至往生淨土。如果已生淨土，亦能使他蓮品高升。

根據《地藏經》，若要超度先亡眷屬，應該恭敬、供養諸佛菩薩，讀誦、受持諸種佛經；而依照《盂蘭盆經》，應該布施、供養出家僧眾。綜合而言，若亡者親屬，能為亡者修福布施、供養三寶、救濟貧窮、利益社會，乃至等施一切眾生，使之離苦得樂，都是促成亡者超生離苦，往生佛國的助緣。

因此亡者眷屬等，應發心在四十九日內，吃素念佛、淨守五戒（不殺生、不偷盜、不邪淫、不妄語、不飲酒及不食五辛），並持續為亡者誦經、念佛或做諸超薦、印經、布施、供養等佛事，功德迴向亡者，如此冥陽同霑法益，均蒙其利。

佛化臨終關懷指南

（一）維護人道，善盡孝道

「死」是人生最後的一件大事，唯有依據佛法，才能有最正確的認識和作法，並徹底利益亡者。

因此，站在佛法的立場，病者氣絕後，鼻息雖斷，但神識卻尚未離去，這時仍是有知覺的，須經過一段時間，通身冷透，神識出離，方算死亡。在神識未去之前，心靈正是最痛苦的時刻，此時家屬的哭泣聲和任何不當的碰觸遺體，都會增添亡者無邊的痛苦和煩惱，為了亡者的善終，最好是在他身邊安靜念誦「阿彌陀佛」聖號，因為佛經告訴我們，臨終的亡者只要聽到一句佛號，就不至於墮落惡道受苦。

除了病人一斷氣，馬上就悲哀啼哭外，一般人常犯的錯誤尚有撫摟病人而嚎啕、任意搬動勉強其正寢、趁身體未冷就先為之沐浴更衣、注射強心針等，這些舉動，愛之反害之。

另外值得注意的是，國人向來有在外（包括在醫院及意外事件發生處）死亡不能回家的觀念，以致許多家屬急著將病危者由醫院送回家，致病者飽受身心折騰。事實上，佛教認為一切唯心造，在外死亡者的遺體不得返家的觀念，是不近人情的，因此家屬不要因迷信，而造成生者、亡者都遺憾的情況。

由於神識未去，亡者所感受的痛苦，與常人無異。常人還可呼痛喊救，全力抗拒。但對神識尚在的亡者而言，雖痛徹骨髓，卻有口難言，同時因生者的不解臨終常識，而導致亡者因遭受痛苦而心生憎恨，致使神識墮落惡趣中，豈是身為至親愛友應有的作為呢？

為了維護人道，善盡孝道，在病人氣絕、神識尚未離去的八至十二小時內，病室宜維持肅靜，不能有上述種種冒然舉動，以維護其神識得到安寧。病人睡的姿態，要聽其自然，不可輕率移動。如果要換壽衣，請在八小時後，用熱毛巾溫暖關節，就可順利換上；在十二小時內，請勿急著將亡者冰凍，也不要在床邊燒冥紙、拜腳尾飯。

（二）助念是臨終救度的法門

根據《觀無量壽經》所說，阿彌陀佛在最初發願時，曾開殊勝方便：雖十惡五逆之人，於臨命終時，若遇善知識說法安慰，教令念佛，令聲不絕，具足十念「南無阿彌陀佛」，即得往生淨土。因此，對病危者而言，首先要使他知道並相信，只要念佛必生淨土。勸他念佛，也助他念佛，助他至心稱念彌陀聖號，此即是藉著助念者的力量加上佛的本願力，使臨命終的人往生淨土。

助念的方式，可分兩個段落：

第一，對神智清楚者，應先說法安慰，勸導一心念佛，由出家法師或助念團領眾居士甚或家屬，宣說：「某某（居士），現在請你什麼也不要想，清楚地聽幾句佛法。佛說人有生老病死，這是必然現象，所以對於死不必害怕；離開人間後，若能往生西方佛國，是最幸福。現在，用你一生中所做一切善事的功德，求生佛國，一心稱念『南無阿彌陀佛』。如果你還不該往生，阿彌陀佛是大醫生，他會使你馬上恢復健康的。現在，大眾來為你助念，你能念，就小聲跟我們念，不能念的話，就聽著我們念的佛號，心裡跟著默念。什麼都不要想了，一心祈求阿彌陀佛來接引你往生佛國淨土。」

第二，如果病危者已神智不清，仍要為他開示佛法。所謂神智不清，可分兩種：一是身體雖不能動，眼睛不能看，嘴巴不能說，但心裡還是清清楚楚，耳朵可能還聽得到，所以當他是神智清楚的人，可以對他做簡短的開示。二是已經斷氣，在生理上屬於死亡者，但他的神識卻可能認為自己仍然活著，或仍守住遺體沒有離開，因此，還是要說法助念。

既然我們知道人死後，神識並未立即離開身體，所以正常的助念時間是八至十二小時，不可以隨便念幾句就了事。助念者要分數組，一組四個小時；或每兩個小時輪流助念。念的時候，助念者本身要專注一意，聲音要整齊清楚，不要太快太高聲，也不要悲戚或急躁，以莊嚴、肅穆、和諧、安寧的聲音，輕輕地念，使病人能在安詳、恬靜、怡悅、自在的情況下往生。

由於助念是臨終救度的殊勝法門，因此，平常必須多參加共修和人結善緣，且發心替他人助念，這樣一來，善緣具足，有需要時，才能夠有蓮友來發心助念，所以說：「未成佛道，先結善緣。」

至於有人用念佛的錄音帶助念，因錄音帶沒有心，所以效果有限；以人助念，尤其是家屬虔敬助念，效果較佳，因可藉助念者的願心、信心，來感通阿彌陀佛的願力。錄音帶雖能帶動病者念佛，但其氣氛及功效與有人助念相比，則大不相同，除非不得已，最好不用錄音帶替代助念。

（三）自救、人救，往生大事

一般人都是在死後，依靠家屬做佛事超薦救度，或以做佛事裝點場面。殊不知生前靠自己學佛修持，較之死後靠家屬超薦，容易得多也保險得多。所以要在臨終之前，為自己做一切功德，令自己生歡喜心、虔誠心、懺悔心、念佛心，知道仗三寶加被之力得大利益，則容易濟拔。如果在身體健康時，自己能發心修行植福、念經、齋戒禮佛、發大願，加上臨終助念，相信必然「往生有分」。

為了避免家人處理失當，妨礙往生大事，平日就應該將自己的意旨，明白囑咐家人，交代清楚，千萬不要認為談臨終事宜不吉祥而忌諱不提，須知事關臨終前後的切身利害，不可不慎！

若自知病重，應吩咐家人，凡來探病問候者，皆請他們為「我」念佛，不要閒談雜話。念佛功德不可思議，經云：念一句阿彌陀佛，能消多劫生死重罪。因此念佛能超薦鬼神亡靈、化解怨結、消除業障，使自己能順利往生極樂世界。

（四）佛教喪儀簡樸隆重

自古以來，佛教的喪葬並沒有一定的制度，但依據「淨土法門」，在彌留時宜有善知識為亡者說法、誦經、念佛，稱為助念，一直到命終十二小時之後，移動遺體，為之沐浴、更衣，並繼續以助念代替伴靈。而且，每舉行一項儀式，都用佛法開示亡者，令其一心皈命佛國淨土。

佛化的喪儀應該隆重、簡樸，除司禮者外，主體應該是主持此項儀式的法師或居士帶領大家為亡者誦經。參與的大眾均應人手一冊佛經跟著持誦。持誦的內容，最好是簡短的經文及偈頌，如《心經》、〈往生咒〉、讚佛偈、佛號、迴向偈等；然後由主持的法師或居士介紹亡者的生平，及其為善、利人、學佛的功德，並做簡短的開示，一則度化亡者超生佛國淨土，同時也安慰、啟發亡者的家屬親友，聞法修行。因此佛化喪儀，既是幫助亡者走上成佛之道的起點或過程，也是生者修學佛法、弘法利生的大好機會，宜大力倡導。

基於節約及方便原則，家祭和公祭最好同日舉行，前後時間不需超過一小時，最多一個半小時。至於用中西樂隊或儀仗花車等場面，都是虛榮的鋪張，此舉對非佛教徒或許有其慰靈的作用，但對佛教徒則反而會擾亂亡者一心求生佛國淨土。

對於佛教徒，遺體的處理，一般大眾多採土葬和火葬，不過以目前的社會型態而言，火葬是比較理想的方式，一則清潔、簡單，二則將火化後之骨灰寄存寺院塔中，讓亡者親近三寶、聽聞佛法，實為一舉數得。

總之，佛教的葬儀宜力求簡樸、莊嚴、隆重，尤其在喪葬期間，不得以殺生的葷腥招待親友，更不可以酒肉葷腥來祭祀亡者。靈前則以香花、蔬果、素食供養；花籃、花圈、輓幛均應適可而止，最好除了喪家和代表性的親友致送數對花籃以及數幅輓聯、輓額，以表示悼念外，不要大事鋪張。

如果親友致送奠儀，除了由於家屬貧苦而留著喪葬費用及生活所需外，最好悉數移作供養三寶、弘法利生及公益慈善等用途，將此功德，迴向亡者，超生離苦，蓮品高升。

（五）淨化社會，禮儀環保

1 臨終處理

對病情危急，送醫急救無效者，家屬應當機立斷，若醫院設有助念室，同意家屬助念，可視病者或家屬意願，留院或返家；若醫院不允許助念行為，應趁病者未斷氣前（斷氣亦無礙），雇車將病者送回家中安頓。

亡者斷氣後，家屬不可拉扯啼哭，也不必急著催找葬儀社；可盡速聯絡發心蓮友助念，全心念佛，並為亡者蓋上「往生被」，恭請西方三聖像置於屋內之清淨處，助大眾提起正念；俟八至十二小時後，始可替亡者淨身、更衣及移至大廳（或送殯儀館存放），遺體四周用線牽圍，再掛上黃布幃幔。遺體頭朝內、腳朝外，在幃幔前頭，設置靈桌，可以用四方桌鋪蓋黃布，桌上一對鮮花、四樣供果、一對蠟燭或蓮花燈、一個香爐、一杯供水，再加上亡者的蓮位即可。不要拜「腳尾飯」、燒「腳尾錢」。

2 入殮

往生後二十四小時，方可進行入殮儀式，入殮時家屬必須至誠念佛，不得啼哭或談笑。

屍體所穿衣服，以整齊、大方為原則，不必依俗穿著七層服裝，既浪費又損福；不必為亡者掛上生前喜愛之物，會增加神識執著。

遺屬的喪服，一律以長袖黑色衣鞋，取代不合時宜的麻衣、草鞋，並以素色念珠做為「帶孝」，一則可隨時念佛迴向亡者，二則於守孝期間，不致因出入其他場合，招致他人忌諱或不快。

3告別式

靈堂布置：宜肅穆、莊嚴、高雅、樸素，不用鼓樂喧鬧。

悼祭之家屬與親友，均著黑色衣鞋，不必戴頭巾、腰巾等。

由主祭者報告往生者生平功德，讓參與者知道亡者生前的善德，使亡者覺得此生不虛度，並激發後人見賢思齊之心。宣讀內容包括生歿的年月日、籍貫、皈依、受戒的時地及其法名、行善事蹟、修持狀況、家屬榮譽，由年長位尊者或主持此項儀式的法師當眾宣讀，以三至五分鐘為限。

4出殯、送殯

由主持的法師或居士說法起靈。眷屬扶柩隨同靈車，親友隨後。

勿用擴音器沿街喧鬧，但於靈車內播放佛號錄音帶，並隨車念佛。

送殯時，不要沿街撒「買路錢」，否則不但有違環保原則，而且紙錢飛入路旁人家，也會引起屋主的不快；應當肅穆、莊嚴、威儀、整齊，以表達對三寶的虔敬和對往生者的追思。

（原收錄於《佛化奠祭手冊》）

社會關懷

究竟可靠的平安

人生在世難免遇到不平安的現實，身心平安的尋求，從內心的平安做起很重要。向心外求快樂、向環境求安全，可得到一時似是而非的平安，然而並不可靠。有的人雇請許多保鏢，只能預防暴力事件的發生，但颱風、水災、地震等天然災害，還是有可能降臨。如果我們憑空想像，我們所處的世界是安定、不變動的，那其實是昧於事實的幻想。所以不妨認定：我們所處的社會是不安全的。

心裡隨時準備面對與接受不平安的狀況發生，隨時可以應變與處理，才是平安。中國人說「未雨綢繆」，在安定中保持危機感，有「兵來將擋、水來土掩」的心理準備，如此，即使遇到困擾打擊，也能視作平常，從容處理。在悲觀的境遇中，心裡能感到樂觀，心才能安。認清世間的一切現象都是「無常」的事實，才能達到內心真正的平安。許多人認為在臺灣生活缺乏保障，對岸的武力威脅、治安的敗壞、社會的失序、人心價值的混亂、自我意識的過度膨脹、重大災難發生頻繁等，呈現出來的種種都是不平安，在這樣的狀況下，或許我們可以回過頭來，從內心看起。

我常常講：「山不轉，路轉；路不轉，人轉。」人心是最靈活的，透過心念的調適轉變，即使到了絕境，人人都能「柳暗花明又一村」，因為心念的轉變有時可以扭轉乾坤。若能懂得一切現象都是無常，細心體驗，對美好的抱持感謝，對不好的感到樂觀，念念都是好念頭，自然能如雲門禪師說的「日日是好日」。

凡事設身處地，多為他人著想，增長了自己的慈悲心；凡事要知己知彼，通達情理，不光為自己的利害得失著想，便能開發自己的智慧心。

身處二十世紀末，面臨天災人禍的危險，好像特別地多。從佛教的角度來講，便是接受因果，由人心的安定來著手。人心為何不平安？因素很多，我們只能說是因緣促成的。人心安定，至少在我們的環境中，由人類自己製造的災禍會少一些。各方的因緣都能平衡些，社會便能較安定，天災也少些。面對天災人禍，人能做的還是心要安定，要能氣和心平，人與人和諧相處，與自然彼此適應，自助而後人助，人助而後天助，人人惜緣惜福，從自身的安定做起。

我個人由於宗教的信仰，心存「處處觀音菩薩，聲聲阿彌陀佛」，隨時安心、隨念安心、隨遇安心，隨時隨地把心收回來，讓波動的心安定下來，更希望佛法的「慈悲之光」、「智慧之光」，給人間帶來溫暖，讓人人都能身安、心安、家安、業安才是真正可靠且究竟的平安。

（原收錄於法鼓山佛教基金會一九九八年出版的《平安》小冊子）

心安就有平安

各位貴賓、諸位菩薩：大家好，阿彌陀佛！

非常感恩所有參與、促成此次「灑淨行腳」活動的菩薩們，大家辛苦了。

雖然舉辦活動的地點是在受災最嚴重的南投縣、臺中縣，但我們所要感恩的對象，當然是在震災中罹難及直接受災的菩薩們，同時也是全臺的每一個人，因為大家多多少少都是震災的受難者。

心安就有平安

當災難發生時，我第一個念頭就是：如何使大家都能夠平安度過？而如何獲得平安？我提出了「心安就有平安」，以及呼籲「臺灣，加油」的運動，希望所有的人在歷經這次空前的災難後，人心不被影響，並能記取教訓，為臺灣帶來新的活力、新的希望、新的前途。所以，當時我也提出了「災後人心重建運動」，希望我們社會的人心更加健康、更健全，使我們身心所處的環境更平安。

當社會發生大災難時，最需要的是「同舟共濟」的精神，能夠萬眾一心地度過難關，為社會的祥和多奉獻一份心力，而不是互相抱怨、鬥爭、攻擊和批評，更不要以自私心、仇恨心來對待人，而應該以原諒的心、慈悲的心、智慧的心來處理事和對待人，這樣我們的社會一定會一天比一天好。在此次震災中，我們大家確實發揮了這種精神，這是相當可貴的。

可是人是健忘的，發生九二一震災到現在，不過三個多月的時間，一般大眾已有意無意地漸漸淡忘了。今天我親自到南投縣中寮鄉，走在街上，兩旁的房子多半已經毀損了，人已經遷移了，街上變得相當荒涼。若沒有像我們這樣親自到災區走這一趟，災區以外的人可能已經把九二一大地震漸漸地淡忘，這是非常不幸的現象，希望大家永遠記取九二一的教訓，把九二一的精神永遠維持下去。

儘管人是健忘的，但是大地震所留下的傷害和影響卻是存在著，尤其留在受災者心中的傷痕，都會令人生活得很不快樂。而這種影響不僅在這一代，甚至會影響到下一代；不僅個人，也會擴及家庭、社會。所以，我們希望人心重建的這項工程是持久的，不要因為時間已經過去了，就把它淡忘。人心重建的工作，是使得大家不要一直恐懼著災難還會再發生，若有這種罣礙、不平安的心，即便災難不來，我們還是在災難之中受災難的。預防災難是有用的，恐懼災難則不僅是無用，也會造成人為的災難。

人心重建，臺灣加油

我們舉辦這次的「灑淨行腳」，具有多重意義：第一，用灑淨的儀式，消除、清淨心中所受恐嚇的汙染，使心理恢復正常、健康、快樂。第二，以感恩心，感恩罹難者代我受了災難，以佛法為他們開解，使得他們能夠安息，發願往生西方極樂世界，祈求這些菩薩們早日成佛。第三，希望透過灑淨，祈祝災區的市鎮重建工作能夠平安順利。

對於罹難的菩薩，在佛教的觀念中，人死亡四十九天之後，很可能已投生了。而震災發生至今已經有一百多天了，相信他們已找到了要去的地方，祈願罹難的菩薩們都已經超生離苦，轉生為人，福慧增長；或者已到佛國淨土成為菩薩，則願他們再來倒駕慈航，救度眾生。

至於在震災中的倖存者，更需要我們從信心及精神層面給予鼓勵、安慰。因此，我們法鼓山發願要為災區、甚至於全臺，持續地推展人心重建的工作，只要人心健康，身心就會平安；如果心中充滿了仇恨、憤怒、不滿，即使生活在物質條件相當好的環境，仍然宛如在地獄中。但若能心存感恩、知足，常常能關懷、原諒他人，有這種健康的心態，即使處身在惡劣的環境中，還是會覺得非常愉快。

而這項人心重建的工作，是我們法鼓山持續要做的，今天已有四個安心服務站分別在南投、埔里、竹山、東勢開幕啟用，我們將持續地做下去，只要大家還用得著我們的時候，法鼓山就會繼續進行安心服務的工作。

最後，非常感謝南投縣縣長彭百顯先生及全體首長、省政府主席趙守博先生等長官對我們的支持，能在中興新村舉行「感恩大迴向」法會，非常感恩！最後，還要謝謝所有參加灑淨行腳及感恩大迴向將近一萬名的菩薩們，大家辛苦了，謝謝，阿彌陀佛！

（二〇〇〇年一月十六日講於南投中興新村運動場「歲末灑淨行腳——為家園祈福」開示，原收錄於《一九八九—二〇〇一法鼓山年鑑》）

好山好水的祝福

九二一臺灣大地震一週年的今天，我們在臺北市政府捷運公司所提供的這塊三角形公園地上，結合王俠軍先生的琉璃鑲銅藝術、姚仁喜先生的建築裝置藝術，以及中國大陸的青銅鑄造技術，呈現出一件好山好水的殊勝雕塑。它為臺北市增添了一座新地標，也為臺灣的苦難留下了歷史的見證，更為全島的每一個生靈祈求幸福，人人都展現希望和光明的願景。

災後人心重建的工程，必須是多方面的，也必須是持續性的，應當轉失落的悲情成為無限的希望。法鼓山除了於九二一前夕晚上分別在中部的南投、埔里、竹山、東勢四個常設的安心服務站，以及臺中分院、金山鄉的法鼓山上，舉辦「九二一周年祭——用愛與關懷迎未來」及「世人共祈願，持咒億萬遍」的總迴向大法會，今天也在臺北市中心舉行安置平安鐘的啟用典禮。

平安吉祥的鐘聲，適時報平安；希望之光的鐘面，隨時指點我們好運；祈願式的琉璃雙掌，能為我們帶來川水長流似的福澤。因為對於災後的重建，物質的救助固然重要，心靈的空虛及精神的徬徨，也當以永久性的公共藝術品來啟發及安慰。

當日本阪神大地震發生之後，日本人將人心的重建，列為災後建設的重要一環。法鼓山在九二一震災發生之後，擔任的主要角色便是人心重建。它共有十大項目，這座平安鐘的雕塑藝術就是其中之一。之前已有一口影鐘，裝置在臺北市捷運總站的水景舞台區。這件大雕塑品，最初的靈感是緣於阪神大地震後，日人曾邀請琉璃藝術大師王俠軍先生製作了一件浴火鳳凰的大型作品，命名為《不死鳥》，於週年紀念時裝置於神戶。法鼓山因此也邀請這位揚名國際的藝術家共襄盛舉，為我們本土留下一件不朽的作品。

災後的悲情，如果讓人持續地哀喪，固然不健康；但是，災後很快就故意地遺忘掉從災變中獲得的教訓及寶貴的經驗，也是重大的損失。唯有記取經驗，感恩曾經給予我們援手的友人，緬懷已經往生的菩薩們，我們必須鼓足勇氣，轉逆境為助緣，努力生活下去，才能報慰於他們。平安鐘的功能，便是隨時提醒大家為平安祈福，同舟共濟、守望相助，永遠象徵著明日會比今天更有希望，大家攜手同行，就不會再有災難。

相信這座好山好水，將會是許多人士在此約會許願的場所，也將成為吸引遊客們小憩留影的著名景點之一；此功德也將迴向給臺灣全島的父老們，平安吉祥，萬事如意。

（二〇〇〇年九月二十一日講於臺北頂好廣場平安鐘落成典禮，原收錄於《一九八九—二〇〇一法鼓山年鑑》）

祝福你平安

敬愛的諸位朋友：

我是法鼓山的聖嚴法師。

在這裡為你祝福、為你祈願。

願我們大家，平安地度過SARS的疫情。

願我們共同來努力，勇敢地做好「心靈環保」；

為自己、為家人、為親友，

為使我們大家，安全地走過SARS疫疾的災難，

最好的辦法是：關懷他人，造福自己；面對事實，妥善處理。

請把目前的疫情，委託給專業的醫衛設施；
請把生命中的難關，付託給個人的宗教信仰。
時時勤念：南無觀世音菩薩；
或者勤念、祈禱你所信的神、佛、菩薩。
心念虔誠，心得平靜，必生智慧，必能脫困；必有感應，必遇貴人。
我為你的平安祈福！

（二〇〇三年四月二十六日，原刊載於SARS期間《法鼓》雜誌〈聖嚴師父的叮嚀與祝福〉夾頁）

心安就能平安

一般人之所以會恐懼，多半是覺得所處的環境中有種種的不安全，不知道何時會發生生命的危機？也不知道何時又會遇到突發的狀況？

恐懼有大有小，記得有一次我去哈佛大學演講，那位替我做英語翻譯的人，見到哈佛大學的教授們專注在聽講，竟然在台上嚇得發抖，這是因為沒有信心及安全感，而心生恐懼。但這種恐懼算是小的。

大的恐懼就像這次的流行，許多人都處在恐懼之中，恐懼著不知道什麼時候會被傳染。但事實上，如果我們進一步了解就會知道，比起其他曾經造成大流行的疫疾，SARS從去年（二〇〇二）十二月至今年的五月，不論是在臺灣、香港、新加坡或中國大陸，真正因為感染而去世的人，其實並不多。但是現在全世界的人，只要聽到 SARS 就會害怕，就會恐懼。這固然是由於 SARS 是一種新型的病症，而且感染力很強，所有的人都沒有抗體，醫療界也還沒有疫苗，所以人們特別恐慌。

遇到這種狀況，最重要的就是不能慌張，一慌張心情會亂，心情一亂就不知道怎麼處理，會讓自己很困擾，也會困擾其他人；應該怎麼處理就怎麼處理，應該怎麼治療就怎麼治療，這是最好的辦法。只要臨危不亂，危險的狀況就會減低，甚至於根本不會有危險。

居安思危在平時

除了臨危不亂，還要居安思危。能夠居安思危，平常就要有準備。可惜我們多半平時疏於準備，心理上沒有準備，狀況發生時心裡當然就會很慌亂。這次 SARS 造成這麼大的恐慌，主要是病毒的感染性很強。但最根本的問題，還是由於人類的愚癡，不知道我們平時所處的環境，本來就是非常不安全的，沒有「居安思危」的觀念。

釋迦牟尼佛早就告訴我們「國土危脆」，佛教稱我們所處的這個世界叫作「娑婆世界」，意思是「堪忍」，也就是說我們所處的這個世界是不完美的，只是還可以忍受。大家都知道，地球這個環境其實充滿了危險，而且非常脆弱，經常會有各種的自然災害發生——風災、水災、地震、瘟疫，除了天災，還有人禍，像是戰爭。

佛陀也告訴我們「生命無常」，任何一個生命都是無常的，人命甚至只是在呼吸之間，而且我們本來就處在一個恐怖的環境之中。但由於大家平時看多了、聽多了，也就覺得習以為常了，習慣之後，就會忘掉這個環境中的恐怖，無法體會無常的道理。

在我年輕時，就有人稱汽車為市虎，車子就像老虎一樣地可怕，我們常說「馬路如虎口」，一有交通事故發生，就是件轟動的社會新聞。如今每天在各地方都有車禍發生，因車禍而死亡的人數也相當多，但現在大家都已經習慣了，不會把交通事故看得那麼可怕；人們還是每天一樣上街，一樣坐車、開車，不會因為恐懼車禍就不出門，那都是因為習慣之後就不覺得稀奇。

另外一個例子是十多年前愛滋病剛發生傳染時，大家出門都會感到害怕，而不敢使用公共的洗手間、毛巾、碗筷等。至今已有數千萬人因為愛滋病而死亡，未來還會有，死亡人數也不斷累積中。但是現在大家卻已經不再那麼害怕，也忘記了當初所造成的恐慌。

火宅中也有慈悲和智慧

事實上，人從出生到死亡，是必然的過程。有生，一定有死，每個人在出生時，甚至遺傳中就帶著各種不安全的因素一起來，這就是生命的事實。我們必須認定，這個世界根本就是個不安定、不安全的環境，在任何時間以及任何地點，都沒有真正的安全，隨時隨地都可能發生危險。所以佛法又形容這個世界為「火宅」，在火宅中還會有安定、有安全的地方嗎？但是，在火宅中我們仍然要有慈悲心及智慧心，至少在心裡就會有安全感了，就會遠離恐懼。

在我十多歲的時候，只要看到頭髮蒼白的老人時，就覺得這個可憐的老人大概快要死了。有一次我跟我的師父說：「師父，你看這些可憐的老人，都不知道自己快要死了！」我的師父就罵我說：「胡說！並不是只有老人會死，是應該死的人才會死。」

有了這樣的警覺心及認知之後，我的心裡經常是準備著死亡，但是我絕對不會自殺，而是珍惜自己的生命，充分運用我的生命，好好利用我的生命去幫助別人。在我生命尚存時，能夠做的，應該做的就趕快做；能夠與人結善緣的，要好好地多與人結善緣。因為很可能即刻就會面臨死亡。

有人問我，年紀這麼大了，為什麼還要這樣疲於奔命，我說這是「廢物利用」，老廢物還是可以用，用到不能用為止，不要怕老、怕死。能如此想，就不會覺得恐懼與痛苦了。

《心經》中有一段文字：「觀自在菩薩，行深般若波羅蜜多時，照見五蘊皆空，度一切苦厄。」這段話的意思是說，觀世音菩薩在修行非常深的般若智慧時，見到生命的事實，是空的、是假的、是無常的，但是我們要面對它，就能夠遠離顛倒夢想，不再有恐懼，而離開一切苦難。

因為眾生平時都是在顛倒思、顛倒想，以苦為樂，以無常為常，認為這個脆弱的生命和環境，是永恆不變的、不滅的，所以會有恐懼而無安全感。因此要面對它、知道它，有了這樣的智慧之後，自然不會再有恐懼，時時刻刻就在平安之中了。

（二〇〇三年五月四日講於美國紐約東初禪寺，原刊載於 SARS 期間出版之《聖嚴法師祝福你平安》手冊）

安心法語

1.恐懼SARS就好像許多人害怕遇到鬼、撞著邪，但真的遇見鬼、撞著邪的人少之又少。即使遇到鬼、撞著邪，也不一定非死不可。萬一染上SARS，情況也是一樣。

2.儘管目前醫療單位尚未研發出對治SARS病毒的藥物，萬一感染到了，死亡率尚不及癌症和愛滋症，絕大多數人皆能恢復健康。

3.有人推測，SARS病毒原來宿主於野生動物。為了預防怪病上身，凡是天上飛的、陸上爬的、水中游的，以及不明來源的葷食，盡量少吃，最好不吃。

4.面臨流行的疫疾和各種災難時，生起恐懼心是正常的，但若察覺到恐懼感時，就要告訴自己：恐懼並不能解決問題，反而會使人陷入更大的危機。

5.當你遭遇到狂風暴雨的時候，千萬不可慌亂，除了迅速避開，還要勇敢地面對它，一邊保持體力，一邊堅持著求生的意志，並且虔誠祈禱，那就一定能夠絕處逢生。

6.驚恐會使你的生活失去常軌，也會使你的身心受到折磨。當恐懼災難可能降臨到你身上時，千萬不要在這之前，就被災難嚇倒了。練習做一個在大風大浪中駕船航海的水手吧！

7.我們大家要對那些奉獻出自己，與具高危險性的SARS病患們相處，並為他們進行照顧、醫治的專業及非專業人士們，致無上的敬意和感恩。他們是救苦救難的菩薩。

8.面臨災難的驚悚時，最好的辦法是，以慈悲心體驗那些正在災難中受苦者的感受，並祝願他們早日脫離苦難。

9.當你自己被災難撞上時，除了努力尋求脫離險境的方法，最好請你也告訴自己：這場災難，是眾生所造共業的果報，自己有幸被選上，代替千百萬生靈受苦，也不算壞事。

10.當自己的親人或朋友，遇到危難、甚至面臨死亡時，除了設法盡力搶救，最好相信：這是他們現身說法的機會，或者是出於上天的安排。

11.當你的安全感受到嚴重威脅時，最好告訴你自己：從出生到死亡，每個過程都是人生的必經之路，能夠晚一些死亡，當然是好事，如果非死不可，就接受它吧！

12.恐懼死亡，是凡人之常情，因為不知死亡後，會是徹底消失呢？還是真有另外的一生；就算會轉生再來，又是一個陌生的世界和陌生的旅程。所以，請想一想：即便在現世之中，豈不也是經常面對著新鮮的環境和新鮮的人呢？死亡又有什麼可怕？

13.當你正遭受災變或疫疾的襲擊時，或處於重大的傷害痛苦中，最好能夠多想想：世界上尚有千千萬萬貧病交加、流離失所、無人看護、無人救助的人。當你生起這種慈悲心的時候，便會覺得自己還算幸運。

14.當大家面臨疫癘、災變、重大的生命及財產損失突然發生時，都會驚恐慌張的原因，在於平時沒有「居安思危」的習慣；如果面對災難時，能做正面思考，把它當作是一種生命的鍛鍊，便能以感恩心來接受事實。

15.當大家遭受疫癘、災變威脅之時，最好趁機檢討一下，大家平常是怎麼過日子的？如果平常就不遵守公共道德，任意地放縱私欲，破壞環境的秩序，結果便是人心不平安，鬼神也不安了。

16.我們所居住的世界其實就像一個「火宅」；構成我們生命的這個身心主體，就是受苦的根源。當我們面臨災難發生時，還能奢望什麼永恆的安全和不變的快樂嗎？

17.地球是讓我們來增長智慧、廣種福田的人間淨土。如果我們時常對於一切眾生心存感恩與報恩，雖然我們的生命過程很短，卻是廣結善緣的大好時機。

18.菩薩一定得在受苦受難中，自利利人。勇於面對苦難的是菩薩；身在苦難中，卻不以為苦的是菩薩；凡是不畏懼苦難，而且幫助他人脫離苦難的人，都是菩薩。

19.遭逢災難時，一時的慌張與驚恐，是難免的，只要用平靜的心情，勇敢地接受已經發生的事實，集合大家的智慧，積極地處理它，便能同舟共濟，度過難關。請大家永遠要給自己一個希望，即便走到絕處，也會出現光明的生路。

20. SARS疫疾，已是一場全球性的災難，少數人承擔了我們共同的果報。我們大家都要關心已在SARS疫疾中受難的人，為他們祈福、給他們鼓勵，向他們感恩、致敬，他們都是代替全人類受苦受災的菩薩。

（二〇〇三年五月，原刊載於SARS期間出版之《聖嚴法師祝福你平安》手冊）

學習臨終關懷

目前因SARS病故的遺體，還有大腸癌患者的遺體，若不即時入殮殯葬，會對公共的衛生環境，造成汙染及感染。如果即時料理，是不是會對於往生者造成干擾而無法進入佛國淨土呢？

其實，佛教的觀念是最富有彈性的，一般的狀況下，如果往生者尚不知道自己已經死亡，對於肉體尚有眷戀執著，甚至尚有若干觸覺，最好不要立即碰觸，而是經過助念，引導他們的神識，求生佛國或者轉生善道。

至於在特殊的狀況下，佛教徒是可以隨緣變通的。譬如有人問我，在生前預立遺囑，願將器官捐贈給需要的人，是否會妨礙往生佛國的路？我說：菩薩誓願，捨己救人，乃是往生佛國的增上緣。

在一九九九年九月二十一日，臺灣發生大地震，我到災區慰問，發現許多遺體已有腐臭的異味，便鼓勵遺屬們即早殯殮火化；尚有若干罹難的山村民眾，被移動的走山掩埋在數十公尺深處，我也勸勉那些遺眷們說，就當作回歸大地的自然葬法來看。

如果遇到空難、水災、車禍、火災、地震、戰爭，以及各種意外死亡，一向被佛教徒們認為是橫死，但我常把這些事件，解釋為代眾生所造共業而受的果報；他們是現身說法的菩薩，是以生命來給我們做教材的老師。我們大家都感恩他們，為他們祈福，他們當然會往生善處的。

佛教尊重生命，不論遇到什麼狀況，救命延生是第一優先，對死亡的尊嚴，是在於後人處理後事的心態要莊重恭敬，不在於拘泥於某種一成不變的形式。

（SARS 期間，刊載於二〇〇三年五月二十七日《中國時報》論壇版）

同體大悲救災難

二〇〇四年十二月二十六日下午，我正在美國紐約的象岡道場主持禪七，聽到南亞地區發生了海嘯災難的消息，好像我自己就是被這場滔天巨浪吞沒的其中之一。全球人類所造的共業，由南亞地區的菩薩代我們承受這樣的果報，從佛教徒的立場看，他們就是現身說法的菩薩。

這場災難，波及南亞乃至東非十一個國家，使得十萬多人罹難、數十萬人受傷、數百萬人無家可歸。雖有全球各國的救援，失去的生命卻已無法復活，針對遭到重大創傷和損失的災區民眾，則更必須持續予以關懷。物資的救濟當然是當務之急，心靈的創傷則需全球人士付出更多耐心和慈心，來為他們做心靈重建的工程，並且持續數年。因此，我們應該普遍地發出呼籲：對於南亞地區的救援工作，完成第一階段之後，尚有第二、第三階段，切不可把我們的能量，以衝動的心態一次用完耗盡。

我們法鼓山，除已於第一時間，陸續分批派遣人員到各災區勘災救援外，也計畫推動第二、三階段人心重建工程。我們在臺灣九二一大地震後，曾做過、並且仍在持續做安心服務站，以及發給災區青少年獎助學金等，這些都是我們未來可以協助南亞災區的項目。

我們相信，受苦受難的是菩薩，救苦救難的是大菩薩。為了超薦、祈福，今天我們發起全球二十個國家的法鼓山菩薩，同日舉行「全球平安祈福超渡大法會」，目的有三個：第一是以佛教的淨土法門，為罹難的菩薩們，超度往生佛國淨土；第二是為受災的菩薩們，以佛法甘露，祈禱平安；第三是鼓勵全世界的人類發揮人溺己溺的精神，展開同體大悲的心懷，造福他人，利益自己。

佛教徒都知道，我們所處的世界是很脆弱的、無常多變的，但是在危機四伏中，又充滿著希望和溫暖；在多災多難的衝擊下，又可見到「處處是芳草」

的景象。只要有心，我們便有力量布施，自己布施，勸人布施，不論錢多錢少，人人都能做布施功德。

（二〇〇五年一月九日講於北投農禪寺全球平安祈福超渡大法會，原收錄於《二〇〇五法鼓山年鑑》）

國家圖書館出版品預行編目資料

法鼓山的方向：關懷 / 聖嚴法師著. --
初版. -- 臺北市：法鼓文化，2019.1
面； 公分
ISBN 978-957-598-804-3（平裝）

1. 佛教教化法

225.4 107021786

人間淨土 42

法鼓山的方向：關懷

The Direction of Dharma Drum Mountain: Social Care Efforts

著者 聖嚴法師
出版 法鼓文化

總審訂 釋果毅
總監 釋果賢
總編輯 陳重光
編輯 林文理、詹忠謀、李書儀
內頁美編 陳珮瑄
地址 臺北市北投區公館路 186 號 5 樓
電話 (02)2893-4646
傳真 (02)2896-0731
網址 http://www.ddc.com.tw
E-mail market@ddc.com.tw
讀者服務專線 (02)2896-1600
初版一刷 2019 年 1 月
建議售價 新臺幣 180 元
郵撥帳號 50013371
戶名 財團法人法鼓山文教基金會 — 法鼓文化
北美經銷處 紐約東初禪寺
Chan Meditation Center (New York, USA)
Tel: (718) 592-6593 Fax: (718) 592-0717

法鼓文化